Hechizos lunares

Desbloqueando el poder oculto de las 8 fases lunares, la magia Wicca y la brujería

Tabla de contenido

INTRODUCCIÓN 1

PARTE 1: FUNDAMENTOS DE LA MAGIA LUNAR......................................3

CAPÍTULO 1: LA MADRE LUNA: SU PODER Y SU SIMBOLISMO 4

CAPÍTULO 2: FASES LUNARES: CUÁNDO TRABAJAR LOS
HECHIZOS LUNARES 11

CAPÍTULO 3: LANZAMIENTO DE HECHIZOS LUNARES:
HERRAMIENTAS Y PREPARACIÓN 25

PARTE 2: HECHIZOS LUNARES PRÁCTICOS 38

CAPÍTULO 4: HECHIZOS DE AMOR..39

CAPÍTULO 5: HECHIZOS DE FERTILIDAD..46

CAPÍTULO 6: HECHIZOS DE DINERO Y CARRERA 52

CAPÍTULO 7: HECHIZOS DE MANIFESTACIÓN....................................58

CAPÍTULO 8: HECHIZOS DE PROTECCIÓN 65

CAPÍTULO 9: HECHIZOS DE DESTIERRO 72

PARTE 3: OTRAS FORMAS DE TRABAJAR CON LA LUNA 82

CAPÍTULO 10: AGUA, CRISTALES Y ACEITES LUNARES 83

CAPÍTULO 11: RITUALES DE LA DIOSA DE LA LUNA...........................91

CAPÍTULO 12: CÓMO CREAR SUS PROPIOS RITUALES LUNARES
ÚNICOS 98

CONCLUSIÓN..103

VEA MÁS LIBROS ESCRITOS POR MARI SILVA...............................104

REFERENCIAS...105

Introducción

La Luna es uno de los objetos más majestuosos del sistema solar y ha inspirado respeto y curiosidad desde los primeros días de la vida humana. Este gran cuerpo brillante en el cielo encierra misterios y maravillas que pocos pueden comprender, y sus secretos podrían ser la clave para desbloquear más de lo que podríamos imaginar. Por eso la luna se considera sagrada para muchas culturas, y hay una larga lista de dioses y diosas de la luna en muchas civilizaciones.

Las diferentes fases lunares la han convertido en un símbolo eterno de transformación y tiempo. También se ha relacionado con el nacimiento y la muerte, la creación y la destrucción. Este poderoso símbolo es otra de las razones por las que muchas culturas tienen deidades asociadas a la luna.

Este libro explorará esas fases lunares y cómo cada una puede llevar una ola de magia en su interior. Aprenderá los hechizos que puede lanzar durante las diferentes fases de la luna. Cubriremos todos los pasos que necesita para conjurar los hechizos que desea y explicaremos cómo debe emparejarlos con las distintas fases lunares. Esta guía es ideal para los principiantes porque presenta consejos fáciles de entender e instrucciones prácticas sobre cómo elaborar esos hechizos.

Si alguna vez ha tenido curiosidad sobre las otras fases lunares y cómo podrían afectar a la realización de hechizos, entonces ha llegado al lugar correcto. La información que encontrará aquí está actualizada, y contiene hechizos reales que puede probar por sí mismo. No es necesario tener experiencia en la elaboración de estos hechizos, porque todo lo que necesitará será descrito. Todo lo que se requiere de usted es una mente abierta, y una voluntad de probar esto.

Exploraremos todos los hechizos, desde el de amor hasta el de fertilidad, y cómo puede elaborarlos. También hablaremos de los ingredientes y los rituales asociados a esos hechizos. Si esto suena como algo que le interesa, y estamos seguros de que así lo es, entonces siga leyendo para mejorar sus conocimientos de hechizos.

Parte 1: Fundamentos de la magia lunar

Capítulo 1: La Madre Luna: su poder y su simbolismo

Notará que a menudo se hace referencia a la luna con símbolos femeninos, y esto tiene una explicación. Mientras que el sol se considera que representa la masculinidad, la luna se considera la manifestación femenina de todas las cosas. Sin embargo, a pesar de ser un símbolo femenino, cualquier género puede asociarse y relacionarse con ella. La Madre Luna no es exclusiva de géneros o razas, y pertenece a todos.

Como hemos mencionado antes, muchas culturas han admirado a la luna y han asociado a dioses y diosas con el poder y la energía que provienen de ella. Cuando realiza un ritual o un hechizo relacionado con las fases lunares, puede invocar a una de estas deidades. En la siguiente parte, exploraremos las deidades más comunes en varias culturas y cómo la gente ve esos poderes superiores, dada la luna. También examinaremos cómo las religiones asocian la luna con la energía femenina y la consideran un símbolo de pureza y feminidad. A pesar de la asociación de la luna con el ciclo menstrual femenino, de la que hablaremos dentro de un rato, no todas las culturas consideran a la luna como una mujer, aunque sí la mayoría.

Mitos griegos

La luna tiene un rico historial en la mitología griega. Se creía que Selene era la diosa titán de la Luna. Conducía su carro lunar por los cielos cada noche, marcando el comienzo de una nueva noche, y se afirma que tenía una esfera lunar o un creciente en la cabeza como corona. Es la hermana del dios del Sol, Helios, y de Eos, diosa del amanecer. En los mitos griegos, se dice que Selene se enamoró de un joven rey llamado Endimión y le dio 50 hijas, otro símbolo de la fertilidad de la luna y su asociación con el arquetipo femenino. Con el tiempo, otra mujer, Artemisa, tomó el relevo y se convirtió en la diosa de la Luna después de Selene. A pesar de ello, Selene ha sido considerada a menudo como la personificación de la propia luna.

Azteca

En la mitología azteca, la antigua diosa de la luna era Coyolxauhqui. También se la consideraba la diosa de la Vía Láctea. En la mitología azteca se la representa a menudo librando una feroz batalla con su hermano, el dios del sol y de la guerra. La batalla siempre termina con la horrible muerte de Coyolxauhqui, y su muerte se representa a menudo en sacrificios rituales en el calendario azteca.

Maya

Ix Chel era la diosa maya de la luna. A veces se la representaba como una mujer joven y sensual que representaba la fertilidad, y otras veces, se la describía como una mujer mayor que se asocia con la muerte y la destrucción. Ix Chel era conocida ocasionalmente como la Dama Arco Iris.

Cristianismo

La Virgen María se representa a menudo con una luna nueva, símbolo de paz e iluminación. La relación entre María y la luna siempre ha sido intercambiable. La luna se considera un antiguo símbolo de María, la Madre de Dios, y María es una fuente de luz en sí misma, la Madre de Dios, que también es luz.

Polinesia

Sina es la deidad polinesia asociada a la luna, y es una de las deidades más populares de esa cultura. Algunos dicen que residía dentro de la propia luna, y es la protectora de los viajeros en el camino por la noche. El mito hawaiano cuenta que Sina habitaba la tierra con un marido, pero se cansó de él y se fue a vivir a la luna.

Celta

En la mitología celta, Cerridwen es la diosa de la luna y la fertilidad. A menudo se la relaciona con el conocimiento y la sabiduría y se la vincula con el inframundo. En muchos cuentos y mitos se la simboliza con una cerda blanca. La cerda representa su fuerza como madre y su fertilidad. Se la considera a la vez madre y arpía, y se la asocia a menudo con la luna llena.

La Luna y la Triple Diosa

Como hemos mencionado antes, la luna se ha asociado a menudo con la mujer y la madurez femenina. La Triple Diosa es la representación perfecta de ello, y su asociación con la luna ha sido la piedra angular de varias religiones paganas. La Triple Diosa era muy venerada en las religiones y rituales neopaganos, y representa una trinidad que es la Doncella, la Madre y la Vieja, que son las fases de la madurez femenina. Cada fase es una etapa separada de la vida de una mujer, y cada una corresponde a una fase diferente de la luna. En las tradiciones paganas modernas (sobre todo en la Wicca), la Triple Diosa es la contraparte femenina del dios cornudo. Pero, en los grupos wiccanos, la Triple Diosa es la única deidad adorada.

Los Wicca ven a la Doncella como la mujer joven, virginal, que aún no ha despertado. Representa los nuevos comienzos y el intento de cosas nuevas y el encanto que conlleva. La Doncella también representa el entusiasmo de la juventud y las ideas juveniles. Por eso se la asocia con la fase creciente de la luna, cuando pasa de oscura a llena. Esta fase y otras son llevadas como coronas por las Altas Sacerdotisas de la orden Wicca. En la mitología griega, la Doncella es

Perséfone y era un símbolo de pureza y del legado de nuevos comienzos.

La Madre, en cambio, es la madurez y el crecimiento. En la Wicca y otras religiones paganas modernas, la Madre es la siguiente fase de la vida de una mujer, y es la que cada una debe alcanzar. Es cuando una mujer adquiere conocimiento y se llena de emoción y se realiza sexual, emocional y socialmente. También es cuando es fértil y fecunda. La fase de la Madre es cuando una mujer crece y se convierte en la versión óptima de sí misma, donde está en la cima de su poder y proeza. Corresponde a la fase de luna llena. La Madre se desplaza en primavera y a principios de verano, que son sus dominios. Al igual que la tierra se vuelve fértil y verde en esas estaciones, también lo hace la Madre. Muchas religiones y rituales paganos no ven necesario que una mujer conciba para asumir el papel de Madre. En los mitos griegos, la Madre es Deméter y es la fuente de vida y donación del mundo.

La última etapa de la mujer y de la luna es la Vieja, cuando la mujer envejece. Como bruja, la mujer tiene sabiduría y es la representación de la oscuridad de la noche. También se la asocia con la muerte y la destrucción. Esta fase corresponde al menguante de la luna y a la muerte de la tierra. El dominio de la Vieja es el invierno y su frío, ligado a la muerte y a los últimos momentos de la vida. En los mitos griegos, la Vieja es Hécate, que es sabia y omnisciente.

La primera Triple Diosa

Diana es una antigua diosa romana, también conocida como Hécate por los griegos, y es considerada como la primera de la Triple Diosa original por muchos. Se pensaba que Diana o Hécate era las tres Diosas divinas en una. Se cree que fue representada en forma triple incluso en los primeros días de su culto, particularmente Diana. Se la consideraba Diana la Cazadora, Diana como representación de la Luna y Diana del Inframundo para representar la muerte.

Hécate se asociaba a menudo con la brujería en los primeros tiempos. Varios relatos mencionan a un grupo de brujas hablando de la Triple Diosa. La interpretación de Hécate como la Triple Diosa, que representa las fases lunares, también ha estado presente durante algún tiempo. Un filósofo romano llamado Porfirio fue el primero en hacer la conexión entre Hécate o Diana y las tres fases de la luna. Describió a la diosa maravillosamente, describiendo a la propia luna como Hécate y afirmando que ella era un símbolo de sus diferentes fases, y que sus poderes se extraían de la luna. Comparó sus tres formas con la luna como una figura vestida con sandalias blancas y doradas para representar la luna nueva, e hizo paralelismos similares con las otras fases de la luna.

El simbolismo de las fases lunares

El simbolismo de la luna ha estado presente durante milenios, y se ha dicho que sus fases afectan a los seres humanos de varias maneras. Muchas culturas creen que la luna tiene un poderoso efecto sobre nosotros y que puede afectar al comportamiento humano. De ahí surgieron términos como "lunático", que se utiliza para describir a las personas que actúan de forma extraña. El adjetivo "lunático" viene de "lunar", que en latín significa diosa de la luna. En otras culturas, los individuos creen que la luna es un dios que tiene el poder de predecir el futuro. Por ejemplo, los sacerdotes japoneses miraban el reflejo de la luna en un espejo porque pensaban que mirarla directamente les volvería locos.

Se cree que las diferentes fases de la luna significan varias cosas, cada una con una serie de valores e influencias.

Luna nueva: Es el comienzo de las fases lunares, y por eso, desde la civilización primitiva, la luna nueva representa los nuevos comienzos. En varias culturas, los centinelas vigilaban la luna nueva para anunciar el comienzo de un nuevo mes, e informaban de sus avistamientos para poder planificar el calendario lunar. La luna nueva es oscura, y esta oscuridad representa un nuevo comienzo y la vuelta a la hoja. Es el momento de levantarse y fijar objetivos para el futuro. Es el momento de planificar los logros durante las próximas fases lunares.

Luna creciente: Ahora que ha planificado el futuro y ha pensado en sus esperanzas y deseos, es el momento de declarar todas esas cosas. Tiene que declarar sus esperanzas para el nuevo mes lunar y desear lo mejor. La luna creciente representa la feminidad y el crecimiento y la prosperidad.

Creciente menguante: Se cree que la luna menguante significa la pérdida de alguien o algo con una mala influencia en su vida, y se asocia con la pérdida y el dejar ir las cosas. También se identifica con los periodos latentes y la meditación. La luna menguante simboliza deshacerse de la energía negativa en su vida y trabajar para ser mejor.

Luna creciente: Esta fase representa el desarrollo y el embarazo. Tiene que ver con el crecimiento y el pensamiento creativo. En el creciente, necesita pensar en soluciones para las cosas que le molestan y tratar de superarlas.

Cuarto creciente: Una semana después de la luna nueva, tenemos el cuarto creciente de luna. Representa la importancia de tener una ventaja para afrontar y conquistar los retos para los que no estabas preparado. También es un símbolo del momento de tomar decisiones impulsivas y actuar.

Luna gibosa: Cuando se trata de esta fase del mes lunar, es el momento de dar un paso atrás y observar detenidamente su vida. ¿Qué está haciendo bien y qué está haciendo mal? ¿Es usted feliz? Con la Luna gibosa, deberá reflexionar sobre sus acciones y corregir el rumbo si es necesario, sin preocuparse por lo que ya ha sucedido. Esta fase también está asociada a la adaptación a su situación actual.

Luna llena: La luna llena representa el poder y la pureza. Es la culminación de los objetivos y el alcance de la cima de su destreza. Por lo tanto, la luna llena representa a la Madre. La luna llena es también un símbolo de manifestación de los planes e ideas por los que has trabajado tanto. Puede que usted no vea inmediatamente el resultado que desea, pero lo está consiguiendo y está haciendo todo lo correcto.

Luna diseminada: Este es el momento del mes lunar en el que debe agradecer todo lo que tiene y todas las intenciones que le han funcionado. También simboliza la importancia de tener esperanza en el futuro.

Cuarto menguante: Esta fase tiene que ver con la curación espiritual y la llegada del momento en el que tiene que seguir adelante. El cuarto menguante de luna es cuando necesita dejar ir el dolor del pasado y los sentimientos que le han causado daño, ya sea hacia las personas o las cosas.

Luna balsámica: En esta fase final, la luna balsámica simboliza la recuperación y la curación. Es el momento de ceder y reposar, y es cuando debe dejar de hacer cuentas y ponerse en su camino. Es el momento de estar en paz. Evitar proyectar y realizar acciones que solo le perjudican. Esta fase tiene que ver con la quietud y con estar en paz.

Capítulo 2: Fases lunares: Cuándo trabajar los hechizos lunares

Las brujas y los sabios han estado utilizando el poder de la luna durante siglos, ya que entienden su inmensa fuerza y cómo pueden aprovecharla. También entienden cómo puede proporcionarles buena fortuna, orientación y éxito con su trabajo de hechizos. Vivir su vida según el ciclo lunar puede traer armonía y hacer que se sienta más feliz y con más energía. Es por eso por lo que necesita conocer las diferentes fases lunares y cómo utilizarlas a su favor.

Profundizando en el tema, necesita entender que no puede hacer hechizos lunares al azar. Cada hechizo debe corresponder a una determinada fase lunar. Por eso siempre hay que tener en cuenta la fase lunar actual antes de hacer estos hechizos. Mientras que discutimos una versión ampliada en la sección anterior, y el simbolismo asociado, ahora discutiremos las etapas enfocadas. Es generalmente aceptado que hay ocho fases principales de la luna, y es durante esas que usted debe trabajar sus hechizos. También hay fases especiales de la luna que raramente ocurren, como un eclipse lunar, y los estudiantes avanzados de brujería pueden usarlas para hechizos más poderosos.

Es necesario que crea en sí mismo y en sus habilidades antes de explorar estos hechizos, ya que solo funcionan si cree que puede canalizarlos. Como concepto general, antes de profundizar en cada fase distinta, sepa que cada una corresponde a una magia específica que practicará. Por ejemplo, al principio de un ciclo lunar, existe el periodo creciente (que se define como el punto en el que la luna se hace más grande y crece), y durante este, póngase a practicar magia positiva para atraer cosas nuevas y buenas a su vida. Las diferentes fases tendrán connotaciones específicas, que exploraremos ahora.

Luna nueva

Las fases lunares comienzan con la luna nueva, cuando se desplaza a su posición entre el sol y la tierra. Rara vez la vemos porque es el lado oscuro el que se enfrenta a nosotros en esta fase. Ocasionalmente, puede crear un eclipse solar, que ocurre cuando bloquea los rayos del sol para que no lleguen a nosotros, creando una sombra en ciertas partes de la tierra.

Esta fase de la luna es ideal para concretar un plan o lanzar una empresa. También podría tratar de obtener publicidad o presentar su trabajo al público. También es ideal para los hechizos de dinero que aumentarán su flujo de efectivo, y podría intentar otros hechizos que le llevarían a nuevas oportunidades de emprendimiento. Los hechizos de amor también son comunes durante esta fase lunar, y los relacionados con los viajes y la exploración. Recuerde que el propósito de esto es dejar de aferrarse al pasado y centrarse en nuevas metas y sueños. Concéntrese en el presente y en el futuro con sus hechizos durante la luna nueva, no en el pasado. Es el momento de que la magia le impulse a nuevos emprendimientos, en lugar de quedarse con los viejos dolores.

Los hechizos que podría probar durante la luna nueva incluyen el destierro, la adivinación, cualquier magia para nuevos comienzos y nuevas oportunidades, hechizos de superación personal y maldiciones. La luna nueva suele durar tres días y medio desde su primera aparición, que se produce al amanecer. Los temas que prevalecen son la belleza y la abundancia.

Hablando de superación personal, la luna nueva también es perfecta para explorar las partes más oscuras de su alma y tratar de manipularlas positivamente. Cada uno de nosotros tiene un lado oscuro que a menudo nos negamos a admitir o a afrontar, incluso cuando la gente nos llama la atención sobre él. Se trata de la naturaleza humana básica, que quiere mantener ocultos y escondidos nuestros defectos y los lados oscuros de nuestra personalidad. En lugar de reprimir esas partes siniestras, puede utilizarlas para el bien y mejorar su vida durante la luna nueva. Mire dentro de sí mismo y encuentre los defectos que sabe que están ahí, pero que mantiene enterrados. ¿Se le da bien ver los defectos e inseguridades de la gente? Entrénese para utilizar esa habilidad para buscar las cualidades y los buenos rasgos de las personas. Tal vez pueda hablar para salir de cualquier problema. Piense en formas saludables de controlar esa cualidad, como salir adelante en su trabajo sin causar problemas ni herir a la gente.

Lo último que hay que recordar sobre la luna nueva es que es ideal para establecer nuevos planes para el futuro, como mencionamos cuando hablamos de su simbolismo anteriormente. Establezca objetivos a corto plazo durante esta etapa para el próximo ciclo. Planifique por meses; ¿Cómo desea que sean los próximos 30 días para usted? ¿En qué sueños quiere trabajar durante este periodo? Esto es ideal para los comienzos, ya sea en el amor o en los negocios o incluso en una búsqueda social.

Idea de ritual de luna nueva: dado que esta fase del ciclo lunar tiene que ver con la comodidad y los nuevos comienzos, este sencillo ritual puede realizarse en su casa. Antes de comenzar, debe asegurarse de que su espacio está limpio y organizado. Así que comience por organizar para preparar el ritual. Podría encender una vela o quemar salvia para ambientar, poner música relajante y tener cerca un bolígrafo y papel sagrado para poder escribir.

El segundo paso de este ritual es conectar con la fuente de energía divina con la que más se relaciona, en este caso, la Madre Luna, o cualquiera de las otras deidades que la representan. Invóquelas y hónrelas en la preparación. Ahora que todo está preparado, siéntese, relájese y escriba los detalles que desea para su futuro y explore sus sueños para esta próxima fase de su vida. Ya sea una oportunidad de trabajo, el amor o cualquier esfuerzo, escríbalo. El siguiente paso es leer esos deseos en voz alta. Este es un paso crucial porque conocer las cosas que desea que sucedan en la vida, y los sentimientos que le embargan durante este paso son importantes para la manifestación.

Finalmente, después de declarar sus deseos, siéntese en silencio y medite. Visualice sus esperanzas y aspiraciones, haciéndose realidad y sucediendo. Este ritual puede hacerse solo, o puede invitar a sus compañeros brujos a unirse a usted.

Luna creciente

Esta segunda fase del ciclo lunar se denomina luna creciente. Es cuando la luna se desplaza hacia el este en el cielo. Se puede decir que es el creciente cuando se ve una pequeña parte después de la luna nueva, y parece seguir creciendo cada noche. A veces es posible ver el resto, pero estará oscuro debido a un fenómeno conocido como brillo terrestre, que es cuando la tierra refleja la luz del sol a la luna.

En esta fase, debe centrarse en sus intenciones y en las acciones necesarias para hacerlas realidad. Podría escribir sus objetivos para el futuro y leerlos cada día para recordar por qué lo hace. El creciente es un momento de concentración y disciplina, y de preparación para el siguiente paso de sus planes. Durante esta fase, el brillo y el poder de la luna crecen, al igual que los suyos. Así que desea aprovechar esta energía lunar y cosechar sus recompensas y su fuerza.

El trabajo de hechizos durante este punto suele centrarse en la energía positiva, y el creciente es ideal para la magia de atracción y protección. Los hechizos potenciales aquí incluyen la protección, la curación, la riqueza, el éxito, la amistad, la suerte, la superación personal o la belleza interior. Puede lograr mucho durante esta fase lunar, y es un momento para la autorreflexión y el trabajo hacia sus objetivos y sueños futuros. El creciente llega de 3 a 7 días después de la luna nueva, y su tema principal es la manifestación.

Idea de hechizo para el cuarto creciente: puede probar la magia de baño en esta parte del ciclo. Podría utilizar elementos que ya tiene, como el agua y la sal, que son componentes de limpieza que se pueden utilizar en este ritual. Por lo tanto, prepare un baño y añada sales de baño o de mar, lo que tenga a su disposición. También puede encender velas para ambientar y preparar el entorno. Después, el ritual es tan sencillo como darse un baño. Mientras lo hace, imagine que todas sus intenciones y objetivos se manifiestan antes de visualizarlos. También piense en cualquier cosa que le esté frenando y deje que esos obstáculos se vayan por el desagüe mientras se limpia.

Cuarto creciente

Esta siguiente fase se produce cuando solo se ve la mitad de la luna iluminada. Se llama cuarto creciente porque, en este momento, se ha completado un cuarto del ciclo lunar. Dependiendo de la ubicación del mundo, la gente puede ver distintas mitades de la luna iluminadas, por lo que usted podría encontrar la mitad derecha, y otra persona en otro país podría ver la mitad izquierda. Esta es una fase crítica del ciclo, y en ella ocurren muchas cosas.

En el cuarto creciente, es el momento de enfrentarse a los obstáculos y desafíos que se presentan en su camino. Mientras que la luna creciente tenía que ver con la autorreflexión y el desahogo, el cuarto creciente tiene que ver más con la atracción de cosas hacia usted. Concéntrese en los elementos que importan en esta fase y en alcanzar sus objetivos. Se acerca la luna llena y tiene que estar preparado. El cuarto creciente es también el momento en el que hace cambios en su plan y trabaja en torno a cualquier desafío que pueda enfrentar.

Necesita utilizar la fase del cuarto creciente para atraer los puntos que desea en la vida como amigos, dinero y amor utilizando hechizos. Otros hechizos que funcionan durante esta fase son principalmente de magia creativa, incluyendo la adivinación, el crecimiento, la motivación y la fuerza. El tema de esta fase es la suerte, y llega entre 7 y 10 días y medio después de la luna nueva.

Idea de ritual para el cuarto creciente: como el cuarto creciente es el momento de revisar su progreso y enfrentar los desafíos de su viaje, puede hacer un ritual de agua sagrada aquí. Para hacer el agua sagrada de la luna, necesitará un vaso de agua de manantial, sal natural y un trozo de incienso quemado. Añada la sal y el incienso al agua después de soplarla. Prepare dos vasos iguales de agua sagrada, colóquelos en su altar y comience el ritual. Medite y revise sus intenciones para ver a dónde le ha llevado su viaje hasta ahora.

Gibosa Creciente

Se trata del tiempo que transcurre entre el cuarto creciente y la luna llena. La palabra creciente implica que la luna está creciendo en tamaño, lo cual es así, mientras que gibosa es para significar su forma, y eso se traduce en gibosa creciente como "forma creciente". La iluminación de la luna sigue creciendo durante esta fase del ciclo lunar hasta que se ilumina, lo que marca el inicio de la siguiente fase.

Las cosas deberían salir bien, y usted debería sentirse con más energía y perseguir sus sueños y deseos. La energía de la luna le guiará aquí, y verá cómo sus esperanzas y aspiraciones se hacen realidad. Necesita creer que las cosas están funcionando para usted y que las buenas obras están llegando a su camino. Sin embargo, esta fase también es de paciencia. Las cosas tomarán forma, pero no debe precipitarse el resultado. En lugar de ello, concéntrese en atar los cabos sueltos y en el desarrollo, para que pueda lograr resultados óptimos.

En cuanto a los hechizos, la luna creciente es ideal para la magia constructiva que puede nutrir y desarrollar aquello por lo que ha estado trabajando. Puede que se sienta agotado en este momento y con poca energía, pero puede aprovechar el poder de la luna para aumentar su poder y confianza. Puede hacer hechizos de salud, éxito y motivación en esta etapa, y magia de crecimiento. El mejor momento para trabajar en hechizos en esta etapa es entre las 10 y las 11 de la noche, cuando tendrá la mayor asistencia de las deidades divinas. Puede esperar ver una gibosa creciente de 10 a 14 días después de la luna nueva.

Idea de ritual de gibosa creciente: como hemos mencionado, esta es la última fase antes de la luna llena, así que es el momento de revisar sus intenciones. Léalas en voz alta a la diosa de la luna y reafírmelas. Ya ha plantado las semillas, y es el momento de comprobar las alineaciones que se están produciendo para que su plan funcione. Este hechizo o ritual puede ayudarle a ver las señales del universo de que está en el camino correcto. Necesita mezclar (en el sentido de las agujas del reloj) el incienso, un anís estrellado y dos pizcas de romero seco con un mortero. Cuando los ingredientes sean un polvo fino, pida a las deidades que le guíen y al universo que le dé señales claras y fuertes que le influyan en su camino.

Luna llena

Esta fase se produce cuando la cara de la luna está completamente iluminada por el sol. La luna llena se produce cuando el sol y la luna están en lados opuestos de la tierra. En teoría, la luna totalmente iluminada por el sol dura unos instantes, pero también decimos que es una luna nueva porque lo parece, aunque realmente no lo es.

En esta fase, está radiando con las energías más potentes durante el ciclo lunar, y es el momento de atraer todo lo bueno hacia usted. También es el momento de sanar los dolores emocionales del pasado. Para muchas brujas, la luna llena es el momento en el que más magia se puede realizar, ya sea constructiva o destructiva. Podría desterrar energías e influencias no deseadas de su vida en esta fase, realizar magia de adivinación y crear hechizos de protección.

Debe priorizar durante este momento crucial. Las energías de la luna están en su punto álgido, y no puede desperdiciar tal intensidad en hechizos menores o en búsquedas sin importancia. Debe centrarse en sus objetivos y sueños más importantes y en cómo alcanzarlos. Por lo tanto, utilice la fuerza de la luna llena para las cosas que importan en su vida. Todo debería salir bien en esta fase, después de los preparativos y el esfuerzo durante los ciclos anteriores. Durante la luna llena, puede celebrar el éxito tras encontrar el amor o conseguir el trabajo que deseaba. Sin embargo, es posible que no salga como desea. Independientemente de cómo resulte, necesita aceptarlo como lo que es y seguir adelante.

Recuerde que la luna llena le guía en esta fase, por lo que su intuición es más aguda que en otros momentos del ciclo lunar. Por lo tanto, sea consciente de sus pensamientos y sueños y enfóquese en el camino que quiere tomar porque un poder superior le está guiando. Puede realizar magia de amor y de curación durante la luna llena, y hechizos de adivinación, destierro, sueños y espiritualidad. El tema de esta fase es el poder, ya que las fuerzas que actúan aquí se intensifican en comparación con las otras fases.

Idea de Ritual de Luna Llena: es el mejor momento para la adivinación y las lecturas, ya que ve los frutos de su trabajo cuando es luna llena. También es un momento ideal para comunicarse con los espíritus y las deidades, ya que el poder de la luna aumenta sus sentidos. Por eso se siente con energía cuando es luna llena, y no necesita dormir tanto. Considere lo que está dispuesto a recibir. Puede sentarse con la vista puesta en la luna llena y comenzar el ritual. Centre toda su mente y su alma en la luna, y siga mirándola hasta que los dos se conviertan en uno. En este profundo estado de meditación, concéntrese en sus intenciones y en recibir la guía de la diosa. ¿Recibió lo que esperaba? Entonces dé las gracias. Si no es así, también dé las gracias y piense en lo que podría cambiar. Una vez que haya terminado, necesita conectarse a tierra; comer algo pesado ayuda en este caso.

Giboso menguante

A diferencia del creciente, que significa crecimiento, el menguante significa disminución. Por lo tanto, la forma de la luna está disminuyendo aquí, y la iluminación está retrocediendo. Esta etapa dura hasta que la luna queda medio iluminada. Las energías de la luna repelen más que atraen, lo que hace que esta sea la oportunidad perfecta para trabajar en hechizos de destierro y otros para eliminar cosas de su vida con una influencia negativa. También podrá hacer hechizos para acabar con relaciones tóxicas o con negocios infructuosos. Aparte de los hechizos, la luna gibosa menguante es un buen momento para limpiar su espacio vital, cuidar el jardín y ordenar sus herramientas y objetos mágicos.

Concéntrese en las cosas que le impiden alcanzar sus objetivos en esta fase y en los elementos que pueden estar drenando su energía. Tómese un momento para pensar en sus intenciones y en el lugar al que le han llevado sus acciones pasadas. ¿Es aquí donde quiere estar? Si no es así, ¿Qué es lo que le impide llegar hasta allí? ¿Cuál ha sido la influencia más significativa en su vida hasta ahora en su viaje? Estas preguntas le ayudarán a pensar en los cambios que necesita hacer. La luna menguante también puede ser un momento para dar un paso atrás y descansar un poco, ya que la luz de la luna se está desvaneciendo y rindiéndose a la oscuridad de la noche.

Aquí se recomienda la magia de limpieza. Puede realizar eliminaciones de maldiciones, hechizos de limpieza, deshacer ataduras, eliminar la negatividad y hechizos que le ayuden a obtener los resultados que desea. Sin embargo, sepa que el trabajo de hechizos que haga aquí no necesita ser dirigido a una persona u objeto, sino que puede ser aplicado a usted mismo. En lugar de tratar de desterrar a un amante tóxico de su vida, trate de deshacerse de sus sentimientos por ellos o sus inseguridades y dudas. Empoderarse a sí mismo puede funcionar mucho mejor que tratar de influir en las acciones de los demás, y también puede ser más ético. Lo mejor es trabajar las auras negativas que le rodean y sus percepciones y dudas sobre su autoestima.

Idea de ritual de giboso menguante: Necesita escribir una lista de todos sus miedos, problemas e inseguridades para poder hacer este ritual. Algunas brujas llevan este papel a una encrucijada y se deshacen de él, pero no es necesario que lo haga. En su lugar, podría quemarlo y, con ello, entregarse al poder de la luna mientras destierra y abandona esas dudas que le impiden avanzar y conseguir lo que necesita y merece.

Cuarto menguante

El cuarto menguante de luna es la antítesis exacta del cuarto creciente. La mitad opuesta de la luna está iluminada. También es la etapa que marca que el ciclo lunar se ha completado en tres cuartas partes y está a punto de terminar. Este es otro momento oportuno para afrontar los obstáculos y desafíos que se interponen en su camino. Esta fase lunar puede ayudarle a superar los obstáculos del camino ayudado por la energía de la luna.

Puede utilizar el cuarto menguante para dejar ese trabajo que lleva meses odiando y deseando abandonar, hacer los últimos pagos, despedir al personal, deshacerse de las cosas que no necesita y devolver las pertenencias a sus legítimos dueños. También puede aprovechar esta etapa para obtener el apoyo de alguien que pueda ofrecerle orientación, como un asesor espiritual o un planificador financiero. Escuche lo que le digan y siga sus consejos, porque puede ser el punto de inflexión que necesita. No se rinda y siga trabajando en sus objetivos y medite para visualizar que sus sueños se hacen realidad.

El tercer trimestre es un buen momento para practicar la adivinación para ver qué le depara el mes siguiente. Cuando la luna se desvanezca, utilice la magia para despejar los obstáculos a los que se enfrenta y deshacerse de cualquier influencia negativa. Puede utilizar hechizos para deshacerse de adicciones, enfermedades, dolencias y cualquier emoción que le impida conseguir las cosas que desea. También podría realizar hechizos de protección, romper maldiciones y hacer magia para la salud y los sueños en esta fase.

> **Idea de ritual del tercer cuarto:** durante esta etapa lunar, puede tomar un baño ritual de limpieza mientras quema incienso o hierbas para poder limpiar lo que necesita dejar ir y liberar las energías negativas y desterrar las influencias dañinas.

Creciente menguante

Esta es la fase final del ciclo lunar, y comienza cuando el sol ilumina menos de la mitad de la luna, que continúa hasta la Luna Nueva. Durante esta fase también se pueden notar los efectos de la luz terrestre. El creciente menguante termina cuando el sol y la luna salen simultáneamente, lo que marca el inicio de un nuevo ciclo lunar con una Luna Nueva. También conocida como la luna balsámica, el creciente menguante es un momento de restauración y curación. Es el momento del ciclo en el que su energía disminuye, pasando de ser dinámica a ser tranquila y reflexiva. Puede aprovechar este momento para reflexionar sobre el ciclo anterior y lo que ha ocurrido. Piense en las cosas que ha aprendido y en los cambios que se han producido. Tenga en cuenta estas lecciones al prepararse para el siguiente ciclo lunar.

Durante esta fase, la magia de destierro se considera más poderosa. Por lo tanto, es el momento de deshacerse de cualquier cosa que le preocupe, ya sea el desorden en su casa o los sentimientos pesados que le agobian. También es el momento de poner fin a las relaciones tóxicas para poder centrarse en sí mismo y en su recuperación. Medite, cuídese, y tómese esta fase para recuperarse, descansar y recargar su energía.

Puede lanzar hechizos para deshacerse de las influencias negativas en esta fase, y hechizos para eliminar los obstáculos y traerle paz mental. Utilice la magia para hacer frente a situaciones como el divorcio, la separación, deshacerse de los acosadores, y la protección.

Recuerde que esta etapa es para encontrar el equilibrio y frenar para reflexionar sobre el pasado y resolver para ayudarle a seguir adelante. Aproveche este momento para despedirse de las cosas que le retienen y que ya no tienen un propósito significativo en su vida.

Fases especiales

Como hemos mencionado anteriormente, hay fases especiales del ciclo lunar. Algunas de ellas no ocurren todos los meses, mientras que otras sí. Debe entenderlas y la magia que puede practicar.

Luna oscura: La luna oscura ocurre en la víspera de la luna nueva, y se considera que es el último día de un ciclo lunar completo. La luna oscura se asocia a menudo con los aspectos más oscuros de la diosa de la luna que pertenecen a la muerte y la destrucción, por lo que es ideal para la magia destructiva. Se pueden hacer maleficios, maldiciones, destierros, divorcios, separaciones y hechizos de protección. Son significativamente más poderosos si se lanzan durante una luna oscura, amplificados por esta parte del poder de la fase lunar. Es mejor canalizar estas energías oscuras hacia la autorreflexión y la reconstrucción. Puede utilizar este poder para hacer rituales de curación y limpieza. También es un buen momento para meditar y realizar rituales de adivinación para intentar vislumbrar su futuro y ver lo que le espera.

Eclipse lunar: Los eclipses lunares no se producen a menudo, y es una fase lunar que rebosa de poder mágico, por lo que nunca debería perder esta oportunidad. Los eclipses lunares se asocian a menudo con el cambio, y simbolizan cambios importantes en su vida. Esos cambios pueden acercarle a sus objetivos y sueños. Un eclipse lunar suele ocurrir una vez al año, cuando los poderes del sol y la luna se conectan y crean armonía y equilibrio entre las energías divinas femeninas y masculinas. Esta unión entre esos dos poderes opuestos puede apoyarle para hacer magia poderosa que le permitirá lograr cosas que nunca pensó que fueran posibles.

Hay algunos que creen que los eclipses lunares son una manifestación de las energías de cada fase lunar porque el eclipse comienza con una luna llena que va menguando hasta oscurecerse. Después, se manifiesta la plata de la luna nueva, y la luna menguante vuelve a ser llena. Así que se puede decir que tiene las energías de las diferentes fases a la vez. Puede hacer todo tipo de hechizos mágicos aquí, y serán potentes y poderosos. Recuerde que debe tener en cuenta el tiempo cuando realice rituales durante un eclipse lunar, ya que las fases variarán según el lugar donde se encuentre. Por lo tanto, mantenga un ojo en las horas locales de inicio y finalización cuando planifique este ritual. Los hechizos que puede realizar durante un eclipse lunar incluyen dinero, relaciones, curación, riqueza, protección y adivinación.

Luna azul: Siempre que hay dos lunas llenas en un ciclo lunar, la segunda se llama Luna Azul. Algunos creen que la luna azul es mucho más poderosa que la luna llena, y se utiliza para hacer hechizos poderosos y significativos. Una Luna Azul solo ocurre cada 2,5 años, y suele caer en un mes diferente cada año. Tenga cuidado cuando practique magia durante esta fase especial de la luna porque el resultado podría ser exponencialmente más efectivo de lo que predijo.

Muchas brujas creen que la Luna Azul es un momento en el que el velo entre nuestro mundo y el de los espíritus es muy fino, lo que puede facilitar cualquier comunicación entre ambos mundos. Durante este tiempo, tendrá poderes elevados y claridad, y por eso es ideal para la adivinación. Su magia se amplificará, y lo más probable es que sus habilidades psíquicas también estén en su punto álgido. Así que aproveche esta rara oportunidad para sacar provecho del poder de la luna y utilizarlo en su beneficio. Los hechizos y la magia que se producen durante la Luna Azul suelen tener consecuencias a largo plazo, así que recuerde siempre eso y no utilice un hechizo cuando no esté seguro de sus efectos.

Es ideal para plantar nuevas semillas e ideas que puedan ayudarle a avanzar hacia sus sueños porque tendrán efectos a largo plazo, y verá cambios significativos en su vida. La meditación es muy recomendable durante esta fase lunar, al igual que la adivinación, debido a sus poderes y habilidades aumentadas.

Capítulo 3: Lanzamiento de hechizos lunares: Herramientas y preparación

El lanzamiento de hechizos es un proceso intrincado que requiere una comprensión del mundo de la magia y, lo que es más importante, tener las herramientas necesarias para realizar rituales y hechizos. Para algunos, puede ser un proceso fácil, mientras que, para otros, es muy complicado. En este capítulo, cubriremos las herramientas y objetos que necesitará para realizar hechizos y cómo debe prepararse. Una vez que comprende los objetos básicos que necesitará, y los opcionales, el lanzamiento de hechizos se centra más en la magia que en la búsqueda de herramientas e ingredientes. Necesita ciertos objetos sin los que no puede realizar sus hechizos, que exploraremos durante este capítulo para los hechizos lunares. Una bruja también necesitará prepararse para realizar estos hechizos y preparar su mente, cuerpo y espíritu para adentrarse en la magia y el lanzamiento de hechizos, que también cubriremos en este capítulo.

Herramientas para el lanzamiento de hechizos

Entonces, ¿cuál es el objetivo de estas herramientas y artículos? Los wiccanos creen que estas herramientas se utilizan en los rituales para honrar a las deidades y canalizar las energías psíquicas de la luna para ayudar a realizar una determinada acción. Estas son las herramientas más comunes que una bruja necesita para lanzar hechizos y realizar rituales.

Altar

El primer elemento del que hablaremos es uno básico que cualquier bruja necesita tener. El altar es un espacio sagrado en el que guardará todas sus herramientas e ingredientes rituales. Más importante aún, el altar se utiliza como espacio de trabajo cuando realice y haga hechizos. Mucha gente suele utilizar una mesa como altar, pero eso puede no ser ideal si quiere un altar móvil. Varias brujas utilizan un estuche portátil para utilizar un altar, y pueden guardar sus herramientas e ingredientes en algo tan simple como un cajón.

La importancia de un altar va más allá de tener un espacio para guardar sus herramientas y realizar los rituales. El altar se utiliza a menudo para conectar con las deidades que lo guiarán en su ritual, por lo que los altares siempre han sido importantes en los rituales paganos. La gente le da tanta importancia a los altares que tiene más de uno en casa, cada uno para una determinada ceremonia o ritual.

No hay una forma correcta de montar un altar; es su espacio mágico, y puede hacer con él lo que quiera y montarlo como quiera. A los practicantes les gusta añadir toques decorativos, como un pañuelo especial o una funda para el altar. En cuanto al material del altar, utilice madera, cerámica o piedra porque estos elementos enraízan la energía, y también puede grabar en ellos cualquier símbolo o inscripción ritual.

Accesorios para altares

No basta con comprar un altar y empezar a realizar rituales. Necesita conseguir los objetos y accesorios que va a utilizar con el altar. Esto comienza con portavelas para todos los rituales en los que encenderá velas para ambientar y lanzar un hechizo. También necesitará quemadores de incienso porque muchos hechizos requieren la quema de incienso. Es posible que se necesite cristales y jarrones para las flores. Algunos de estos artículos no se utilizan para la magia en sí, pero dan a los artículos mágicos que utiliza su potencia, y también crean un espacio hermoso y sagrado para practicar sus rituales y lanzar sus hechizos.

Athame y otras cuchillas

Una de las herramientas esenciales para realizar hechizos es una cuchilla, comúnmente llamada *athame* en brujería. Suele venir con un mango negro y está hecho de metal puro; no se supone que sea un cuchillo para cortar hierbas ni que se utilice como un cuchillo normal, por lo que no se afila, ya que no tiene usos prácticos. El athame se utiliza para indicar direcciones, dirigir la energía y cortar una salida del círculo de forma segura sin comprometer su energía. Se cree que esta hoja representa la energía masculina y el elemento aire.

Un athame también puede usarse como varita. Para cortar hierbas se utiliza otra hoja, llamada *boline*, que tiene forma de luna creciente y viene con un mango blanco. El boline también se utiliza para inscribir velas. A veces, para las brujas más avanzadas, se utiliza una espada para marcar círculos sagrados de gran importancia y tamaño. Pero normalmente solo la gran sacerdotisa de un aquelarre puede utilizarla.

Buril

Un buril no es exactamente una cuchilla; es una pequeña herramienta con una punta fina utilizada por las brujas para grabar palabras y símbolos en velas, madera y otros objetos mágicos. Puede fabricarse con cualquier material que se desee, como alfileres o clavos o cualquier otro elemento similar.

Varitas

Una varita puede estar hecha de cualquier material natural, aunque lo más común es que esté hecha de madera, roca o metal. Simboliza el elemento Aire, y en algunas tradiciones, el Fuego, y se utiliza a menudo para convocar entidades e invocar deidades. Una varita también se utiliza para dirigir la energía, bendecir algo y consagrar espacios sagrados u objetos mágicos.

La Escoba o escobilla

Esta es una de las herramientas de lanzamiento de hechizos más personales. Puede tener una hecha a medida con las ramitas de un árbol de su elección o hacerla usted mismo. No se utiliza una escoba o escobilla para barrer y limpiar la suciedad; se utiliza para limpiar las energías negativas y eliminar las malas influencias, por lo general antes del trabajo de hechizo. Para utilizar una escoba o escobilla, barra suavemente la habitación en el sentido de las agujas del reloj, libérala de cualquier energía negativa, abra la puerta, lance la energía al exterior y cierre la puerta después. Muchas brujas consideran que sus escobas son sagradas, y muchas creen que nunca deben tocar el suelo. Algunas utilizan la escoba o escobilla en las danzas estacionales de la fertilidad o con otras tradiciones.

Campanas y cascabeles

En muchas civilizaciones antiguas, hace cientos de años, utilizaban campanas para alejar a los espíritus malignos y oscuros. También se creía que las vibraciones procedentes de una campana eran fuente de gran poder. Las campanas se utilizaban para invocar a los espíritus, no solo para desterrarlos. Si se toca una campana en la esquina de una habitación, se alejan las energías oscuras y la presencia del mal. También se pueden utilizar sonajas y cuencos tibetanos para aportar paz y armonía a un espacio sagrado o limpiar un ritual mágico.

Grimorio

Un libro de sombras o grimorio es otra herramienta importante en el arsenal de una bruja. Es un cuaderno en el que se anotan y documentan las prácticas mágicas y el trabajo con hechizos. Cada bruja escribe su grimorio, y suele ser la crónica de todo lo que ha aprendido en su viaje, incluyendo hechizos, rituales, invocaciones, cartas lunares y una lista de deidades y panteones. Aunque el libro de las sombras es una herramienta muy personal que las brujas mantienen en privado y a buen recaudo, a veces puede pasarse de unas a otras, aunque normalmente permanece dentro de la familia.

Velas

Las velas son una parte indispensable de la brujería, y las brujas deben tener siempre acceso a ellas. Afortunadamente, las velas son baratas y se pueden encontrar fácilmente en cualquier lugar. Además, llaman poco la atención, lo que facilita a las brujas la práctica de su magia. Incluso hay ramas de la magia dedicadas a las velas y a los hechizos que se pueden hacer con ellas. Las velas pueden invocar deidades, para la manifestación, y varios otros hechizos. Representan el elemento Fuego en los hechizos y rituales, y a menudo simbolizan al dios y a la diosa en Wicca. Otro uso de las velas es en el trabajo de hechizos, donde se utilizan para absorber la energía de la bruja y luego liberarla mientras la vela se quema.

Cáliz

Un cáliz o una copa no es necesariamente una herramienta para hacer hechizos, pero muchas brujas creen que es un símbolo de la diosa o de su vientre. También es un símbolo del elemento Agua. Hay ciertas similitudes entre el cáliz y el Santo Grial, aunque, en la brujería, su simbolismo es muy diferente. No representa la sangre de Cristo, sino el vientre de la diosa. Puede llenarse con vino o agua y pasarse alrededor de un grupo de brujas que practican la magia, o puede ser vino ofrecido a la diosa.

Caldero

A pesar de su uso un tanto cómico en películas y dibujos animados, un caldero es una herramienta esencial para la brujería y la elaboración de hechizos. Se utiliza para quemar incienso y hierbas, preparar pociones, realizar adivinaciones con agua para mejorar las visiones y ver otros reinos, y hacer ofrendas. Este recipiente de tres patas suele ser de hierro fundido. El caldero también puede contener grandes velas de pilar. Muchos calderos modernos son portátiles y pueden trasladarse fácilmente.

Brújula

Reconocer los cuatro puntos cardinales es a menudo un requisito previo para muchos hechizos y rituales. No todas las brujas tienen un excelente sentido de la orientación, por lo que una brújula a veces resulta fundamental durante el trabajo de hechizos. Le ayudará a orientarse en la dirección correcta para poder aprovechar las energías adecuadas y alinearse correctamente.

Cristales

Los cristales son otro elemento esencial para hacer hechizos y realizar magia. Contienen en su interior la energía de la tierra, cada uno con una frecuencia única que le permite vibrar a un nivel diferente. Los cristales tienen diferentes propósitos, y necesitará usar los adecuados para el hechizo que está haciendo. Los cristales se utilizan para la curación, mientras que otros se utilizan para la manifestación. Generalmente, los cristales son también grandes para la meditación. Recuerde elegir uno dependiendo de sus intenciones para el trabajo de hechizo. Debe limpiar regularmente sus cristales, y lo más importante, recargarlos ya sea durante la luna llena o enterrándolos en la tierra mientras duerme por la noche.

Ropa

No hay un código de vestimenta uniforme para hacer magia, pero las brujas tienen preferencias personales con su atuendo cuando realizan hechizos o rituales. Muchos creen que los colores pueden afectar el flujo de las energías y cómo se mueven, por lo que muchas brujas visten de negro durante los rituales para no dispersar ninguna energía o causar distracción. También podría usar ropa ritual como una capa, una túnica o una máscara para que pueda lograr la mentalidad correcta para realizar la magia que necesita.

Las joyas son comunes durante los rituales y el lanzamiento de hechizos, especialmente para los wiccanos. Muchas brujas y practicantes llevan joyas que muestran pentáculos u otros símbolos paganos y religiosos durante los rituales y el lanzamiento de hechizos, y también pueden llevarse durante la vida cotidiana. En varias formas de Wicca, la gente lleva un collar con un círculo para significar el círculo del renacimiento.

Herramientas de adivinación

La adivinación es una de las prácticas esenciales para las brujas, y necesitará ciertas herramientas para practicar la adivinación. Comience con una bola de cristal, cartas de oráculo, cartas de tarot, espejos de adivinación y péndulos, porque cada uno de ellos tendrá un uso muy importante al realizar la adivinación. Utilizará estos artículos para ver el futuro, recibir mensajes e información de deidades y poderes místicos, confirmar su intuición sobre algo y comunicarse con sus guías a nivel psíquico. No utilizará necesariamente esas herramientas; la mayoría de las brujas no lo hacen; solo utilizan una o dos. Usted solo necesita encontrar ciertas herramientas de adivinación que pueda dominar y seguir practicando hasta que perfeccione su don con esas herramientas.

Lanza

Aunque la lanza no es un elemento esencial para el lanzamiento de hechizos, sigue siendo una de las herramientas de brujería más populares para muchos wiccanos. Se cree que representa al Dios de los Cuernos en los rituales que lo invocan. Por eso varios rituales Wicca tradicionales requieren esta lanza.

Hierbas

Ya hemos mencionado las hierbas varias veces, y eso es porque juegan un papel muy importante en el lanzamiento de hechizos. Las hierbas contienen la energía de la tierra, cada una con su firma e importancia únicas. Las hierbas se pueden utilizar en muchos hechizos, y también se pueden utilizar como incienso, en el sahumerio, y para la brujería de la cocina, y en los baños y otros rituales de autocuidado. Siempre es una buena idea tener un mortero y una mano de mortero si va a trabajar con hierbas, porque le ayudarán a machacarlas y a mezclarlas en polvo.

Bolígrafo y papel

Notará que varios hechizos requieren que la bruja escriba algo, como sus sueños, deseos o emociones de las que quiere deshacerse. Por eso siempre debe tener bolígrafo y papel cerca para estos casos. Quemará papeles si está haciendo ciertos hechizos, y para otros, no hará nada con el papel. Por lo tanto, tenga en cuenta el papel que obtiene para sus hechizos. Algunos tipos se queman más rápido que otros, mientras que otros ni siquiera deberían quemarse. En cuanto a los bolígrafos, deberá tener unos cuantos a mano e incluir varios colores porque la magia de color así lo exige. Las brujas recomiendan cargar el papel o el bolígrafo agitándolos a través del humo del incienso, preferiblemente durante las fases en las que la energía procedente de la luna está en su punto máximo.

Incienso

También mencionamos el incienso varias veces, ya que es otro elemento básico para hacer hechizos que siempre se necesita. El incienso es una herramienta poderosa que puede enfocar sus energías e intenciones para la manifestación. También puede meditar con el incienso, ya que ayuda a canalizar su energía y enfocar sus pensamientos y sentimientos. El incienso también es crucial para los rituales de limpieza y las bendiciones de un espacio. Puede utilizarlo para purificarse a sí mismo y a los demás miembros de un círculo mágico. El incienso suele presentarse en diferentes formas y olores. Puede venderse en conos o en varillas, y las distintas fragancias pueden servir para diferentes hechizos o rituales.

Pentáculo

Muchas personas confunden los pentagramas y los pentáculos, y la diferencia puede ser confusa. El pentagrama es una estrella de cinco puntas, y el pentáculo es lo mismo, pero la estrella está encerrada en un círculo. En el pentáculo pueden grabarse otros símbolos, pero el pentagrama es el más utilizado. Es un amuleto protector que suele estar hecho de madera, pero también puede estar hecho de cera, metal o arcilla. Algunas brujas creen que el pentáculo representa el elemento Tierra, y se utiliza en los altares para diferentes propósitos como bendecir objetos y herramientas. También se utiliza para cargar objetos, como cristales o cálices.

Cuenco de ofrendas

Algunas brujas siguen un camino religioso, y ofrecen sacrificios u ofrendas a sus deidades. Si va a hacer eso, necesitará un cuenco de ofrendas en el que colocar esas ofrendas a los dioses y diosas.

Calendario lunar

Por último, cualquier bruja que quiera realizar hechizos durante las fases lunares debe tener un calendario lunar, también conocido como almanaque, con las fases detalladas de la luna. Esto le ayudará a preparar los hechizos y rituales que quiera realizar a lo largo del mes, ya que, como hemos mencionado anteriormente, no se deben hacer hechizos al azar. Cada hechizo debe ser lanzado en el momento exacto, para que obtenga el resultado deseado.

Preparación para los hechizos

La herramienta mágica más poderosa es usted. Los hechizos tienen que ver con su energía, creencia y fuerza de voluntad. Es por eso por lo que usted tiene que prepararse espiritual y mentalmente para el lanzamiento de hechizos, para que logre el resultado deseado. Esto es lo que puede hacer.

1. Preparativos

El tiempo: No se puede despertar de la siesta de la tarde y empezar a inventar hechizos. Necesita prepararse primero, y tiene que estar en un cierto estado de ánimo. Lo primero que tiene que hacer es seleccionar un momento apropiado para el hechizo. Revise su calendario lunar y seleccione el mejor momento de la noche para lanzar su hechizo, cuando los poderes de la luna están en su apogeo y listos para ser aprovechados. Cuanto más preciso sea el momento, más potente será su hechizo.

Ubicación: La segunda cosa que necesita pensar es el lugar en el que va a preparar su hechizo. A veces, el éxito del ritual dependerá de la ubicación. Tiene que encontrar un lugar donde pueda estar sin ser molestado para que pueda concentrarse y canalizar su energía, en algún lugar calmante. También es preferible que los rituales y hechizos se hagan al aire libre, donde el entorno sea natural y esté cerca de la tierra. A veces puede no ser fácil encontrar un lugar al aire libre. Si es así, intente acercarse lo más posible a la naturaleza. Por último, asegúrese de que dispone de espacio suficiente para su ritual.

Revise el hechizo: La primera vez que lee un hechizo no debe ser la primera vez que lo realiza. Tómese el tiempo para revisar el hechizo y familiarizarse con él. No lo aprenda de memoria, sino que debe venir a usted naturalmente y fluir sin problemas. No quiere ponerse nervioso u olvidarse mientras hace el hechizo o el ritual porque esto afectará el resultado.

Preparar las herramientas: Después de revisar el hechizo y entender las herramientas que necesitará, recójalas y prepárelas para el ritual. No espere hasta el último momento porque no quiere desperdiciar su ventana cuando se trata de la alineación lunar. Prepare las herramientas y el espacio para el ritual de antemano y asegúrese de que todo lo que va a necesitar está a su alcance.

2. Cuidado personal

Usted es la herramienta mágica más importante, y necesita prepararse para cualquier ritual o hechizo que vaya a realizar. Antes de realizar los hechizos, recuerde comer comidas ligeras y aperitivos en las horas previas. No desea que la comida le pese o le dé sueño. Necesita estar centrado y enfocado para que pueda obtener los mejores resultados de su magia y hechizos.

Además, medite. Esto le ayudará a despejar su mente y le pondrá en la mentalidad correcta para practicar la magia. Tómese el tiempo para lograr esto meditando y centrándose. Atenúe las luces, ponga música relajante, encienda velas y cierre los ojos. Concéntrese en deshacerse de cualquier energía negativa y encuentre su centro. Tómese su tiempo porque meditar puede ser la diferencia entre un ritual exitoso y uno fallido.

También puede probar un ritual de limpieza para purificarse. Vuelva al ritual de limpieza que mencionamos antes en el libro y realícelo antes de lanzar hechizos. Llene una bañera con agua y aceites esenciales y sales naturales. Le ayudarán a purificarse y a limpiarse de las energías negativas.

3. Limpiando el espacio

Antes de realizar los hechizos, limpie el espacio mágico en el que va a trabajar. Esto ayudará a deshacerse de cualquier energía negativa y frecuencias no deseadas. Puede utilizar elementos naturales de la tierra para ayudarle con la limpieza. Busque sal marina, sal de roca y algunas bolsas de tela. Mezcle las sales en las bolsas y colóquelas en las cuatro esquinas de la habitación. Diga en voz alta que está limpiando este espacio de cualquier energía y fuerza negativa. Necesita visualizarlo, no solo decirlo. Imagínese las energías y frecuencias negativas abandonando su espacio mágico.

Puede quemar incienso para purificar aún más el lugar. Utilice una varilla de incienso como la de cedro o la de hierba dulce. Encienda la varilla hasta que se queme y luego sople sobre ella. El humo seguirá saliendo y puede utilizarlo para emborronar todo el espacio y limpiarlo todo: muévase con la varilla en el sentido de las agujas del reloj. Al igual que con el ritual anterior, visualice e imagine que las energías negativas escapan de su espacio mágico.

4. Estado mental

Su estado mental marca la diferencia en el ritual y en cómo resultarán las cosas. Necesita estar en un estado mental propicio porque le ayudará a alcanzar sus objetivos. La disciplina mental es la clave aquí, y la meditación puede ayudarle a alcanzar ese nivel en el que puede estar tan centrado en sus objetivos y visiones que todo lo demás desaparece. Necesita mantener una mentalidad positiva en los días y horas que preceden a su lanzamiento de hechizos. Ya conoce el momento en que lanzará sus hechizos, y, hasta que llegue ese día, necesita sumergirse en pensamientos positivos.

Procure no preocuparse por el éxito de sus hechizos y rituales, ya que esta es la forma más fácil de que no funcionen. Durante el hechizo, necesita practicar un estado de conciencia elevado; su mente necesita ser propicia para la magia y en la energía máxima para que pueda alcanzar los resultados requeridos. Necesita acceder a su subconsciente mientras permanece consciente y concentrado en el momento. Puede parecer complicado, pero con suficiente entrenamiento y disciplina, lo logrará.

Sus pensamientos positivos deben continuar incluso después de que el hechizo sea lanzado. Si permite que su mente divague hacia la negatividad o la duda, podría arruinar todo aquello por lo que ha trabajado. Lo mejor que puede hacer es no pensar en el hechizo que ha realizado; si lo hace, trate de mantener pensamientos positivos. Como distracción, puede preparar su próximo hechizo.

Parte 2: Hechizos lunares prácticos

Capítulo 4: Hechizos de amor

A estas alturas, entenderá las diferentes fases lunares y su significado, la luna y la energía y el poder que puede aprovechar a través de ella, y cómo las diferentes fases pueden ser utilizadas en su beneficio si realiza el hechizo correcto en el momento adecuado. Luego exploramos las herramientas que puede utilizar para lanzar hechizos y practicar la magia. Ahora es el momento de entrar en los aspectos prácticos y en cómo realizar dichos hechizos.

Los primeros hechizos que exploraremos son los hechizos de amor. Desde las diosas hasta las brujas, los hechizos de amor han existido durante milenios, utilizados para atraer el amor y la atención de alguien o deshacerse de él. Un hechizo de amor es simplemente un encantamiento que lanzas durante la fase lunar adecuada para que pueda cambiar su suerte cuando se trata de amor. No importa los problemas que está enfrentando románticamente, este hechizo puede ayudarle. Un hechizo de amor podría ayudarle a comenzar o reanudar una relación con alguien que ha estado soñando durante meses. También podría ayudarle a superar una ruptura o seguir adelante con una relación pasada.

Un hechizo de amor puede ser lanzado para atraer a un nuevo amante o hacer que alguien se enamore de usted, aunque hay que tener cuidado con esto último. Un hechizo de amor también puede fortalecer el vínculo de amor que tiene con su pareja y ayudar a progresar la relación al siguiente nivel, aquellos que quieren casarse, pero sienten que sus parejas tienen miedo de hacerlo, tomen nota.

En el amor, los hechizos, la potencia y la eficiencia hacen mucha diferencia. A menos que el hechizo sea lanzado perfectamente, no obtendrá los resultados que desea. Si lo hace mal, no importa si usted lanza el hechizo 20 veces; todavía no funciona. Por lo tanto, siga las instrucciones presentadas para obtener los resultados que desea cada vez que lance un hechizo de amor.

Consejos

Para que los hechizos de amor funcionen, debe centrarse en su intención antes de hacer cualquier cosa. No puede simplemente pronunciar las palabras y esperar lo mejor; tiene que creer que esto va a funcionar, y tiene que conocer plenamente las consecuencias y los resultados de sus acciones, porque así es como pueden llegar a ser. No puede tener sueño, distraerse o estar bajo la influencia mientras realiza un hechizo de amor, o cualquier otro hechizo. Necesita tener su ingenio sobre usted, y debe conocer sus sentidos. Sus intenciones deben ser genuinas y de buena naturaleza. Está tratando de cambiar su futuro, y no puede intentar tal hazaña en un capricho.

Es importante que también determine el resultado deseado del hechizo de amor antes de lanzarlo. No hay tal cosa como lanzar un hechizo de amor en general y esperar que las cosas buenas den sus frutos en su vida; sus objetivos deben ser enfocados y claros para que pueda alcanzarlos. El mejor consejo con un hechizo de amor es centrarse en sus propias emociones y sentimientos en lugar de tratar de influir en los sentimientos de otras personas, ya que probablemente no querrá que le hagan lo mismo, pero si se siente cómodo influyendo en los demás, entonces puede seguir adelante y trabajar en el hechizo de amor como se pretende.

Otra cosa para recordar con los hechizos de amor son sus sentimientos. No puede tener dos amantes en mente cuando está lanzando este hechizo; tiene que estar seguro de sus sentimientos. Sus sentimientos no pueden fluctuar, o de lo contrario se corre el riesgo de que el hechizo no funcione. Tiene que haber certeza y convicción en cada paso que dé, o de lo contrario las cosas podrían no ir a su manera.

Una última cosa que recordar siempre con los hechizos de amor específicamente es manejar sus expectativas. Debe creer en el resultado de sus hechizos de amor, pero eso no significa que no deba tener expectativas realistas. El hechizo no dejará caer al príncipe azul en su regazo al día siguiente, ni hará que el soltero más codiciado de Hollywood se enamore de usted. Si el hechizo tiene como objetivo hacer que alguien se enamore de usted, necesita una relación preexistente con esa persona y alguna conexión previa, o no tendrá sentido para que el hechizo funcione. El objetivo del hechizo sería tratar de traer más abundancia y amor en su relación existente en lugar de tratar de cambiar los sentimientos o percepciones de alguien para que se fijen en usted.

Fase lunar

Los hechizos no pueden ser lanzados al azar; necesitan ser lanzados en momentos específicos siguiendo las fases lunares para que puedas obtener el resultado deseado. El mejor momento para lanzar un hechizo de amor es durante la Luna Llena, donde la energía de la luna está en su punto máximo, y puedes aprovechar y canalizar esas energías, pero esto no significa que no pueda lanzar un hechizo de amor en otros momentos del ciclo lunar, aunque la naturaleza de esos hechizos variará. Para atraer un nuevo amor, debería lanzar un hechizo de amor durante la fase de Luna Creciente. Para terminar una relación y deshacerse de sus sentimientos por alguien, entonces su hechizo debe ser lanzado durante la fase de Luna Menguante. La Luna Nueva es también un gran momento para lanzar hechizos para manifestar el amor y otras cosas positivas que quiera en su vida.

Ahora que entiende cuándo puede lanzar sus hechizos de amor, es el momento de aprender cómo. Una vez más, recuerde enfocarse en sus intenciones y creer en el resultado positivo de su magia. Haga eso, y esos hechizos cambiarán el curso de su futuro. Antes de trabajar en su magia de amor, recuerde limpiarse y limpiar su espacio mágico de cualquier energía y vibraciones negativas. Este no es un paso opcional porque necesita que su espacio esté limpio de cualquier odio u otras emociones negativas para que pueda comenzar los rituales con un alma pura y en un espacio limpio.

Hechizo 1: Facilitando el Amor

El primer hechizo de amor que discutiremos es un ritual de Luna Nueva para manifestar amor y abundancia en su vida. Si tiene una relación existente con una persona y quiere traer más abundancia y amor en esa relación, este es el hechizo para lanzar. Este ritual comienza creando un espacio sagrado que es tranquilo y relajante, por lo que necesita organizar y limpiar el espacio primero. Las herramientas que necesitará son un bolígrafo o lápiz y papel. Encienda una vela en su altar y difumine el lugar con salvia o utilice aceites esenciales. A continuación, piense en la relación que le gustaría manifestar en su vida. Piense en las cualidades y en cómo quiere que sea su pareja, y escriba esas cosas junto con sus intenciones.

Luego, coloque un cristal de cuarzo rosa en el papel porque es una poderosa herramienta mágica para manifestar y atraer el amor, y también promueve el amor propio, que necesita para que este ritual funcione. Ahora que ha escrito sus intenciones y objetivos, es el momento de meditar sobre ellos. Cierre los ojos a los efectos relajantes de la vela y piense y visualice sus intenciones. Cuanto más cree en ellas, más posibilidades tendrá de que se manifiesten y se hagan realidad.

Hechizo 2: Atrayendo el amor

Este ritual es como su predecesor, con pequeñas diferencias que le ayudarán a atraer un nuevo amor. Este hechizo es el mejor lanzado durante la fase de luna creciente, que es el momento perfecto para atraer nuevas cosas a su vida y atraer más amor y afecto que cambiará su vida para mejor. Necesitará una hoja de papel y un bolígrafo con tinta roja. También necesitará una vela, pero tiene que ser roja.

Comience encendiendo la vela y sumérjase lentamente en un profundo estado de meditación, concentrándose en el humo de la vela. Elimine de su mente los pensamientos negativos y concéntrese en lo que quiere atraer durante este ciclo lunar. A continuación, escriba en el papel lo que quiere que ocurra en su vida romántica y lo que quiere atraer. La cera de la vela ya estará goteando en este punto; deje que gotee sobre el trozo de papel después de haber escrito las cosas que quiere atraer románticamente. La última cosa que necesita hacer es atar el hechizo, y puede hacerlo llamando a la diosa, por lo general Venus para este hechizo, y pidiéndole que conduzca a alguien a su vida porque le ama profundamente y se siente atraído por esa persona.

Después de que haya terminado con el hechizo, siéntese y medite por un tiempo y siga visualizando a esta persona entrando en su vida. Concéntrese en sus intenciones y crea que las cosas buenas están llegando a su camino.

Hechizo 3: Nuevo romance

Siempre hay esperanza para un nuevo romance, especialmente con este hechizo en particular. ¿Tiene un compañero de trabajo que no piensa en usted, románticamente? Este ritual puede ayudar a cambiar eso. Necesitará una fotografía de la persona que quiere que se enamore de usted. También necesitará velas azules y rojas e incienso, preferiblemente de palo de rosa. Este hechizo es el mejor durante la Luna Nueva.

El ritual comienza encendiendo las velas, la azul para la suerte y la roja para el amor. Encienda el incienso de palo de rosa para que pueda entrar en la mentalidad correcta y relajarse antes de lanzar su hechizo de amor. Después de relajarse y entrar en el estado de ánimo adecuado, sitúese frente a la imagen de su amante deseado y arrodíllese ante ella. Luego, invoque a la diosa y exprese su intención de ganar la atención y el amor de esta persona. Cierre los ojos, concéntrese en que sus intenciones se hagan realidad y medite durante un rato en la misma posición. En este punto no piense en nada más que en su objetivo y en que esta persona se enamore de usted.

Hechizo 4: Buscando la Pareja Perfecta

Este hechizo utiliza la magia de los pétalos de rosa, que puede ser muy potente si se hace bien. Es un hechizo fácil, aunque puede encontrar desafíos tratando de encontrar el momento adecuado para lanzarlo. Necesitará pétalos de rosa para realizar este ritual y un cuerpo de agua como un río o el océano. Este hechizo es el mejor durante la Luna Creciente o la Luna Llena, para que pueda aprovechar la energía de la luna y canalizarla para atraer a la pareja perfecta.

Lo primero que necesita hacer es pensar si esa pareja es perfecta para usted. ¿Qué cualidades quiere que tenga? Piénselo mucho y visualice a la persona con todas esas cualidades. A continuación, lance sus pétalos de rosa a la masa de agua en movimiento, pidiendo a sus guías o deidades que le traigan el amor verdadero, mientras esos pétalos se desplazan hacia los mares o aguas abiertas. Repita este ritual dos veces, mientras visualiza a su pareja ideal y piensa en su intención.

Después de realizar estos hechizos de amor, no deberá obsesionarse con el resultado. Esto puede formar energías negativas que podrían poner en peligro el resultado de su ritual. Obsesionarse nunca es una buena idea, y lo mismo ocurre cuando se practica la magia. Un hechizo de amor puede funcionar si se mantiene la paciencia y el pensamiento positivo. Por lo tanto, dele tiempo al hechizo para que funcione sin perder su paciencia y tratar de apresurar los resultados. Tenga fe y confíe en que las cosas buenas vienen en su camino.

Capítulo 5: Hechizos de fertilidad

La asociación entre la luna y la fertilidad ha sido eterna a lo largo de innumerables civilizaciones. Más allá de las creencias espirituales, varios estudios también han encontrado que el ciclo menstrual femenino también está vinculado a las diferentes fases lunares, lo que no es una sorpresa teniendo en cuenta que la luna es la representación de la deidad femenina. Algunos de los hechizos y rituales más importantes que se pueden practicar durante el ciclo lunar están asociados a la fertilidad.

Las brujas practican hechizos de fertilidad durante las fases lunares por diferentes razones. Algunas buscan mejorar su fertilidad y aumentar sus posibilidades de quedarse embarazadas, otras intentan asegurarse de que su recién nacido esté sano y bien, y algunas intentan asegurar un parto seguro. Los hechizos de fertilidad no solo se asocian al parto. La fertilidad también puede significar abundancia y traer más bien y riqueza a su vida. Esta sección explorará los hechizos que puede practicar para promover la fertilidad y la abundancia en su vida usando magia y rituales sagrados.

Ritual de fertilidad

La primera ceremonia de la que hablaremos es un ritual de fertilidad lunar. Es mejor hacerlo durante las fases de luna creciente a luna llena, aunque debe sincronizarlas con su propio cuerpo como mujer si está tratando de aumentar su fertilidad y quedar embarazada. Si es así, entonces este hechizo es el mejor lanzado dos semanas después de que su ciclo comienza. Si este hechizo es lanzado para aumentar la fertilidad de un hombre, entonces el tiempo del hechizo no importa tanto. En cuanto a la hora del día para lanzar este hechizo, es el mejor durante las primeras horas de la noche cuando está en su mayor creatividad y concentración.

Herramientas: Necesitará mucho incienso para este ritual de fertilidad lunar. Consiga incienso de sándalo, ya que se dice que promueve la fertilidad mental, e incienso de melocotón porque promueve la fertilidad física y la abundancia. No olvide tener un quemador de incienso que le permita moverse libremente con el humo si lo necesita.

Deidades: Esto dependerá de su conjunto de creencias y de las deidades en las que cree, pero para los Wicca, hay deidades particulares que puede invocar para este ritual de fertilidad, incluyendo a Ishtar, Freyr, Brigid y, obviamente, Diana.

Para preparar este ritual, elabore un círculo mágico. Como siempre, limpie el espacio mágico y el círculo antes de comenzar el ritual. Necesita entrar en la mentalidad correcta antes de comenzar, así que también medite si eso le ayuda a relajarse. Limpie su mente de cualquier pensamiento o sentimiento negativo. Visualice sus vibraciones negativas disipándose lentamente de su cuerpo y concéntrese en sus intenciones. A continuación, encienda el incienso y declare su propósito para este ritual. Invoque a las deidades que le guían y decláreles en voz alta su objetivo y lo que quiere llevar a cabo a través de este ritual.

Mientras el incienso arde, imagine que su humo le llena y le toca, especialmente las partes de sí mismo que desea que sean fértiles. Este ritual dicta que usted implore a cada una de las cuatro direcciones, empezando por el este. Alcance a los cuatro elementos e impóreles que le ayuden a ser fértil y a llenar su vida de alegría. A continuación, una vez que les haya implorado a los cuatro elementos en las cuatro direcciones, tiéndase en el suelo mirando hacia el norte, estirando los brazos y las piernas. Llame a las deidades que ha invocado aquí y pídales que bendigan sus lomos y le hagan fértil. Tranquilícese y sienta cómo la energía de la luna le inunda para llenar su cuerpo de poder y fertilidad.

Póngase de rodillas ante su altar y bendiga la comida que tiene allí. Debería tener una ensalada con pepino y zanahorias, y aderezo de aceite de oliva y ajo, un plátano y un té aromatizado. Estos alimentos deben consumirse después del ritual no para hartarse, sino para darle energía. Imagine que la comida que está consumiendo, llena de energía las partes infértiles de usted, y cambie esa parte para que sea fértil mientras come lentamente.

Para concluir este ritual, conéctese a tierra y medite. Encuentre su centro y cierre su círculo mientras se concentra lentamente en sus intenciones y se visualiza volviéndose fértil. Si el propósito de este hechizo es hacerle fértil y tener hijos, participe en la actividad sexual dentro de un día de terminar el hechizo para que pueda ver su efecto que viene a la fruición. Recuerde tener fe y creer que este hechizo funcionará. Con suerte, pronto se volverá fértil, y sus benditas entrañas darán a luz a un niño.

Hechizo de fertilidad

Este siguiente hechizo es uno muy fácil de hacer porque sus ingredientes y el concepto son simples. Como siempre, la parte más importante de este hechizo es usted. La energía que traiga a este hechizo determinará si va a funcionar, así que sea consciente de las vibraciones que trae y observe sus sentimientos y la intención. Este hechizo de fertilidad wiccano requiere una pluma, polvo de flor, aceite espiritual de jazmín, aceite espiritual de Adán y Eva, y una vela roja de figura femenina, además de un plato.

Comience por escribir su nombre en la parte inferior de la vela de la figura femenina. Una vez hecho esto, coloque la vela en el plato y añada los aceites espirituales de jazmín y Adán y Eva y el polvo de flores para cubrir la vela. Con la mezcla cubriendo el cuerpo, frótela con los dedos sobre el estómago de la figura femenina. A continuación, coloque la vela sobre el plato y enciéndala.

En este momento puede invocar a sus deidades y pedirles que bendigan sus entrañas con fertilidad para que pueda tener hijos. Cierre los ojos y medite, visualizando que este hechizo funciona y que su cuerpo infértil cambia para convertirse en fértil. Debe poner energía positiva en este hechizo, de lo contrario no funcionaría. No se obsesione con el resultado del hechizo, pero crea que funcionará, y encontrará la fertilidad y la abundancia. No se obsesione con los pensamientos negativos, o de lo contrario podría poner en peligro el éxito del hechizo de fertilidad.

Hechizo de Luna Llena

Este es un hechizo de fertilidad de luna llena que puede hacer para promover la fertilidad y pedir a la diosa que le ayude a tener un hijo. Necesita ser realizado en una luna llena, como hemos mencionado, preferiblemente en un lunes alrededor de las 7 p. m. o 7:30 p. m. Este hechizo lleva unos cuantos pasos más que el anterior, y necesitará más ingredientes, pero no permita que eso le disuada. Solo concéntrese en encontrar cada ingrediente, y luego le indicaremos cómo puede utilizarlos.

Herramientas/Ingredientes: Necesitará un bolígrafo o lápiz y papel, tres velas cónicas (rosa, azul y verde), aceite de canela, incienso de sándalo, un cuenco de tierra, una pequeña caja o frasco y una manta de bebé; si ya tiene un bebé, podría utilizar su manta para este hechizo, lo que lo haría más potente y eficiente.

Antes de hacer el hechizo, necesita primero limpiarse. Tome un baño ritual con aceites naturales, especialmente aceite de canela. Esto le ayudará a deshacerse de cualquier energía negativa persistente y limpiar su cuerpo. Una vez que haya terminado, prepare todas sus herramientas e ingredientes y comience su hechizo.

Forme un círculo mágico y encienda el incienso. Invoque a las deidades que le guían o a la diosa. Debe tomarse su tiempo con este paso porque estas deidades vendrán a unirse a su círculo y le guiarán en este viaje. Escucharán sus oraciones y le ayudarán a alcanzar sus objetivos. Coja la tierra fresca que ha recogido y espolvoréela alrededor de su círculo, honrando a la diosa y pidiéndole que le proporcione fertilidad. Después, cubra su altar con la manta de bebé y rece a los dioses y diosas, declarando que esta es la manta con la que cubrirá a su pequeño.

A continuación, necesita tomar las tres velas y colocarlas una al lado de la otra, con la verde en el centro, la azul a su izquierda y la rosa a su derecha. Mientras realiza esto, siga pidiendo a las deidades y declare que estas son las velas que iluminarán su vientre. A continuación, coja la vela verde, enjabónela con aceite de canela e imagine a su hijo. Necesita verlos en el ojo de su mente. Imagínese embarazada de ellos y luego dando a luz. Visualice que sostiene el fruto de sus entrañas en sus brazos y mantenga esa imagen mental. Vuelva a colocar la vela verde en el centro de la mesa.

Encienda las otras dos velas y utilícelas para encender la vela verde. Mientras lo hace, declare su intención a los dioses y diosas. Ore y pídales que le den un niño o una niña, rosa para las niñas y azul para los niños. Cuando haya terminado de cantar y rezar a las deidades, coja el bolígrafo y el papel y escriba los nombres que desea para el niño y la niña. Ponga ambos papeles dentro de la caja o el frasco que ha preparado antes y colóquelo delante de la vela verde. A continuación, deje que la vela se consuma hasta que se apague sola y luego coloque la caja en un lugar seguro. Finalmente, inicie una relación sexual con su pareja y espere a que el hechizo funcione.

Al igual que con los hechizos anteriores, recuerde no insistir ni obsesionarse con el éxito de su hechizo de fertilidad. Deposite su fe en el hechizo y deje que desaparezca de su mente. Si no puede evitar pensar en ello, asegúrese de que sus pensamientos sean positivos. Deje ir los pensamientos negativos o los temores.

Hechizo para un parto seguro

Otro hechizo muy importante que las brujas hacen para la fertilidad se refiere a la salud y el bienestar del recién nacido. Nadie tiene el control total sobre estos asuntos, y desafortunadamente, sucede a menudo que un recién nacido está en mala salud y necesita ayuda que otros no pueden dar. Por eso son comunes los hechizos de parto seguro, que pueden ayudarle a aumentar las posibilidades de que su hijo nazca con buena salud.

Para hacer este hechizo, usted no necesitará muchos artículos. Necesitará una vela verde con olor a pino y una manzana. Recuerde que este hechizo se hace después de concebir, y lo hace si le preocupa que su hijo pueda nacer con un problema inherente o con mala salud. Tome una mitad de la manzana y frótela sobre su vientre y luego cierre los ojos y medite. Visualice que la enfermedad y la mala salud son extraídas de su vientre y que el niño crece en él como el veneno de una herida. Una vez hecho esto, tome esa mitad mala de la manzana y entiérrela en la tierra, lejos de la habitación de su hijo.

Capítulo 6: Hechizos de dinero y carrera

Los hechizos de dinero y carrera son muy importantes para las brujas que quieren encontrar riqueza y satisfacción en sus vidas. Estos hechizos son grandes para aquellos que quieren un descanso en sus carreras o la oportunidad de avanzar y crecer profesionalmente. Los hechizos que discutiremos en este capítulo pueden ayudarle a encontrar la riqueza y atraer el dinero y las oportunidades de carrera que ha estado esperando toda su vida. Si quiere un aumento o un ascenso en su trabajo actual, estos hechizos también podrían ayudar.

Puede pensar que hacer un hechizo para conseguir dinero es difícil, pero pensar así es lo que lo hace difícil. Necesita creer que esto funcionará. Canalizar el flujo de dinero en su vida es solo canalizar cierta energía, y una vez que se conecta con su poder interior y aprovecha la energía de la luna, no hay flujo de energía que no pueda controlar. Así que trabaje en su creencia y visualice el dinero que necesita para esa nueva casa o automóvil.

Hechizo de la Luna Llena para el dinero

La luna llena es el momento en que el poder de la luna está en su punto máximo, y puede aprovechar ese poder a su favor para canalizar el dinero en su vida. Hay otros momentos en los que puede hacer hechizos de dinero, pero vamos a hablar de un hechizo de dinero de luna llena para este primer ritual. Espere a que esta parte del ciclo lunar pase para que pueda obtener el máximo del hechizo, amplificando sus efectos. Este hechizo se realiza naturalmente durante la noche para que puedas aprovechar la energía de la luna. Se practica mejor si puede ver la luz directa de la luna entrando por su ventana. Puede funcionar si está envuelta en nubes, pero trate de esperar hasta que la luz se descubra para obtener la mayor potencia.

Las herramientas que necesita para este hechizo pueden parecer complicadas, pero el hechizo es mucho más fácil de lo que parece. Primero necesitará un espejo y no se preocupe porque los espejos den mala suerte. Son objetos ordinarios que pueden ser cargados con ciertas energías. Y lo que es más importante, pueden ayudarle a amplificar la energía de la luna para que su hechizo sea aún más poderoso. Busque un pequeño espejo redondo, aunque cualquier forma servirá. Necesitará un rotulador permanente y aceite de canela (también puede utilizar canela molida para este hechizo). Necesita tres monedas; deben ser monedas de oro, pero otros tipos pueden funcionar. La última cosa que necesita para que este hechizo funcione es una bolsa verde que sea lo suficientemente espaciosa para acomodar las monedas y el espejo.

Para iniciar este hechizo, necesita buscar una vista clara de la luna llena. Si tiene un pequeño jardín privado, será ideal, pero si puede estar bañado por el brillo de la luna, el hechizo será potente. Junte todos sus ingredientes y siéntese frente a la luna. Cierre los ojos, calme su mente y relájese. Trate de entrar en un estado de meditación para aclarar sus pensamientos. Si está en un lugar cerrado, abra la ventana para que le dé el aire. Coloque el espejo en una superficie donde la luz de la luna pueda incidir sobre él.

Con el rotulador, dibuje los símbolos de la riqueza y la prosperidad en el centro del espejo; hay varios símbolos Wiccanos que puede utilizar aquí, como la llave y el número 3. A continuación, tome el aceite o el polvo de canela y sumerja su dedo en él y luego dibuje un círculo alrededor del símbolo de prosperidad que ha dibujado. No sumerja el espejo en el aceite o el polvo; utilice solo lo suficiente para dibujar un círculo. El siguiente paso es poner las tres monedas que ha preparado de manera uniforme sobre el círculo de aceite o polvo de canela, marcando el símbolo de la prosperidad. Vuelva a cerrar los ojos y sumérjase en un estado de meditación mientras la luna carga sus herramientas con su poder. Concéntrese en sus intenciones y sea muy específico aquí.

Concéntrese exactamente en las cosas que desea con la mayor especificidad posible, ya sea determinando la cantidad de dinero que necesita o el tipo de promoción. Sumérjase en los sentimientos que tendrá cuando reciba ese dinero y visualice que se produce. En este estado de inmersión, imagine que la luz y el poder de la luna le inundan, y luego canalice esa energía y todo lo que desea en el espejo. Abra los ojos, invoque a las deidades, declare sus intenciones y pídales que le guíen para conseguir el dinero que necesita.

Por último, tome las monedas y déjelas caer consecutivamente en la bolsa verde, y luego ponga lentamente el espejo sobre las monedas. Cierre la bolsa y guárdela en un lugar seguro donde pueda mirarla siempre que quiera hasta que sus deseos se manifiesten. Puede repetir este ritual en la siguiente luna llena utilizando los mismos ingredientes, pero usando canela fresca la segunda vez.

Hechizo para conseguir un trabajo

Llega un momento en la vida profesional de toda persona en el que quiere un trabajo. Esto puede venir temprano o más tarde en su carrera, pero siempre llega, y usted puede necesitar un poco de ayuda para hacer que las cosas vayan a su manera. Este hechizo solo debe realizarse después de que haya presentado su currículum o haya solicitado el trabajo. Puede ayudarle a conseguir el trabajo que su corazón desea, pero necesita ser específico con este hechizo para obtener los resultados deseados. Como siempre, creer que este hechizo funcionará va un largo camino hacia su funcionamiento.

Necesita una herramienta afilada, como un cuchillo o un alfiler, velas verdes y rojas, y leche. Este hechizo Wiccano comienza escribiendo el nombre de la empresa para la que se quiere trabajar en la vela verde grande. Luego, en la vela roja, talle *Tïwaz*, también conocida como la runa de la victoria, que es como una flecha hacia arriba, además de su nombre completo.

Este hechizo debe realizarse un jueves. Encienda ambas velas un jueves por la noche durante media hora, y luego apáguelas, pero no sople las velas. Deje un cuenco de leche durante la noche, fuera de su casa, como ofrenda a los dioses y diosas. Repita este ritual todos los jueves a la misma hora, pero deje que las velas ardan durante 15 minutos. Repita la operación hasta que las velas se consuman o el trabajo sea suyo.

Hechizos de promoción de luna nueva

Una persona a menudo no recibe los ascensos que se merece, lo cual no es justo, pero, sin embargo, sucede. Subir la escalera corporativa no es tan fácil como usted podría pensar, y puede necesitar ayuda mágica. Este hechizo se utiliza para ayudarle a hacer precisamente eso, y puede ayudarle a obtener esa promoción elusiva.

Este es un hechizo de luna nueva, por lo que hay que esperar a que un nuevo ciclo lunar lo lance, lo que tiene sentido teniendo en cuenta que se busca un nuevo comienzo, que es con lo que se asocia esta fase lunar. Aliste su altar para este ritual mágico y limpie su espacio de cualquier energía negativa. Busque purpurina dorada y colóquela en un frasco sobre su altar mientras se imagina consiguiendo el ascenso. Despeje su mente y concéntrese solo en subir la escalera corporativa y lograr sus objetivos profesionales.

Después, busque la escalera y suba por ella con el frasco en la mano. Necesita tener fe y confianza mientras sube esas escaleras porque este paso representa que está subiendo la escalera corporativa y alcanzando sus objetivos profesionales. Mientras suba la escalera, declare sus intenciones e invoque a las deidades para que le guíen hasta conseguir ese ascenso que busca. Después de llegar a la cima de la escalera, deje el frasco de oro y medite. Visualícese consiguiendo el trabajo y trabajando en él hasta alcanzar el éxito y la prosperidad.

Ritual del dinero de la luna nueva

Este es un ritual para atraer el dinero, y debe hacerse al comienzo de un nuevo ciclo lunar. Espere a la luna nueva y prepare los elementos que necesita para que este ritual funcione. Es sencillo, y todo lo que necesitará son tres velas verdes. El ritual comienza encendiendo esas tres velas mientras se sumerge en un estado de ánimo contemplativo y medita. Concéntrese en la riqueza y en la cantidad de dinero que desea atraer a su vida.

A continuación, invoque a las deidades o a sus guías y pídales. Ore a ellos y pídales que llenen su vida de dinero y abundancia, todo ello mientras se concentra claramente en sus intenciones y en el dinero que quiere invitar a su vida. Recuerde siempre enfocarse en una cantidad específica, no sea vago. Siga encendiendo esas velas cada día mientras declara y renueva sus intenciones hasta que el dinero se manifieste. Repita las oraciones cada vez que encienda las velas y haga esto hasta que las velas se acaben o hasta que el dinero se manifieste.

Ritual para las revisiones de rendimiento

Todo el mundo teme una revisión del rendimiento. Se siente como si su trabajo estuviera bajo el microscopio, y la revisión también podría decidir si usted califica para un aumento, lo que hace que sea un paso muy importante para una carrera saludable. Puede lanzar este hechizo para obtener lo mejor de su revisión de rendimiento que a menudo teme. Este hechizo es el mejor lanzado un día antes del tiempo de la revisión.

Este ritual comienza con usted poniéndose la ropa exacta que va a usar para la revisión de rendimiento. Conéctese a la tierra y calme su mente mientras se sienta en una silla. Poner música meditativa de fondo. Cierre los ojos y reflexione sobre su trayectoria desde que consiguió el trabajo o desde la última revisión. Piense en sus logros y en las cosas que quiere mencionar para incitar a sus superiores a concederle un aumento de sueldo o un ascenso. Escriba esas razones y logros en un papel. Después, guarde el papel en su bolsillo porque lo utilizará más adelante.

Con la misma ropa, justo antes de su revisión de rendimiento, busque un lugar tranquilo para sentarse y mirar ese papel. Cierre los ojos y visualícese a sí mismo, consiguiendo el aumento o el ascenso que desea. Necesita sentir que la energía positiva de esos logros y las cosas que ha hecho le inundan y fluyen en su cuerpo. Entonces puede llamar a sus guías y pedirles que le guíen durante su revisión para conseguir las cosas que ha deseado y por las que ha trabajado tan duro. Esto le dará la guía y la energía positiva que necesita para ir a esa revisión de rendimiento y hacer grandes cosas.

Los hechizos de dinero y carrera son tan buenos como su creencia y confianza en que funcionarán. Necesita invertir en su fe en las deidades y los guías y confiar en que le guiarán para encontrar el dinero y la abundancia que está buscando, y el avance de la carrera y la prosperidad. La visualización es esencial para que estos hechizos funcionen. Tiene que verse a sí mismo obteniendo esas cosas y creer que puede lograrlas. Los hechizos para el dinero y la carrera no se tratan solo de creer en la magia, sino que también se trata de creer en su valor y en que usted merece que esas cosas buenas le sucedan.

Capítulo 7: Hechizos de manifestación

La luna puede ser tan poderosa que puede ayudarle a conseguir las cosas que más desea en la vida. Si aprende a aprovechar la energía y el poder de la luna, puede hacer muchas cosas. La luna puede ayudarle a mejorar su salud, a encontrar el amor y a encontrar una carrera mejor y más satisfactoria. Las fases lunares pueden utilizarse con un efecto muy poderoso si entiende lo que está haciendo. Por eso necesita enseñarse a sí mismo cómo alinearse con las diferentes fases y manifestaciones para que pueda conseguir todo lo que su corazón desea. Lleva tiempo y práctica, pero cuando lo domine, tendrá un control mucho mayor sobre su vida y las cosas que se manifiestan en ella.

Para comprometerse a manifestar con la luna, en este capítulo, exploraremos los hechizos de manifestación que pueden ayudarle a trabajar con las fuerzas naturales de la luna y vivir en sincronía con todas las fases de la luna. Sea muy paciente con la manifestación porque esto es un proceso, y lleva tiempo. Ser uno con la energía de la luna y manifestar las cosas que quiere en la vida no es algo que sucederá de la noche a la mañana, y necesita entender eso. El mejor momento para realizar hechizos de manifestación es cuando la luna está llena.

Ritual de Luna Llena

La luna llena es el momento de la manifestación y de ver cómo se cumplen sus planes. Es el momento más poderoso del ciclo lunar y representa la plenitud y el cumplimiento. Para manifestar con la luna llena, veremos el poderoso Ritual de la Luna Llena.

Mentalidad: El primer paso de este ritual de luna llena es entrar en la mentalidad correcta. Esta es una parte del ciclo lunar en la que necesita estar tranquilo y reflexivo, a la espera de que las acciones e intenciones que ha establecido antes se hagan realidad. Comience por calmar su mente y encontrar la serenidad en su espacio mágico para poder aprovechar el inmenso poder presente durante esta fase lunar. Encienda unas cuantas velas, difumine su espacio mágico con incienso y relájese y despeje su mente. No podrá manifestar con la luna llena a menos que tenga la mentalidad adecuada.

Reflexionar: Reflexione sobre el pasado durante este ritual. ¿Qué ha ocurrido en las últimas semanas? ¿Se están manifestando y haciendo realidad sus objetivos y deseos? ¿debería hacer algo diferente? Busque oportunidades de superación y éxito para poder cambiar los próximos días. Medite sobre los obstáculos que ha enfrentado y los retos que le han frenado. Así puede trabajar en un plan para superar estos retos y dar un giro a las cosas durante el próximo ciclo lunar.

Declarar la intención: A estas alturas del ritual, ya conoce lo que le ha funcionado y lo que no. Entonces, escriba las cosas que le frenan y las que quiere que ocurran. Tome el papel en el que ha escrito los obstáculos que bloquean su camino y quémelo o tírelo por el retrete. Esto le ayudará a superar esos obstáculos y a alcanzar sus objetivos en el futuro.

Salir al exterior: Algunas personas lo llaman "baño de luna", y es un momento de paz disfrutando del brillo pleno de la luna. En cualquier caso, salga al exterior y siéntese bajo la luz de la luna. Deje que le inunde con su energía y poder. Le ayudará espiritual y físicamente, ya que la luz de la luna proporciona varios beneficios a nuestro cuerpo, al igual que la luz del sol. También le ayudará a relajarse y a concentrarse en sus intenciones para la siguiente fase lunar.

Bailar: No hay nada como el baile para ayudarle a manifestar y alinear sus poderes y energías con los de la luna. Bailar es terapéutico y puede ayudarle a liberar cualquier energía negativa que aún tenga, por lo que es una especie de limpieza. Así que, ¡baile! Le hará sentirse mejor y más relajado. Bailar bajo la luna le ayudará a encontrar su base espiritual.

Ritual de agua

El segundo ritual de luna llena que discutiremos es un ritual de agua lunar que puede ayudarle a manifestar, aclarar su mente y abrir su corazón. Este ritual comienza con una jarra de vidrio que se llena con agua del grifo y luego se enrosca la tapa. Las herramientas para esta ceremonia son simples, como puede ver, y se puede hacer fácilmente, aunque necesita creer que funcionará para obtener los mejores resultados.

Tome la jarra de agua y póngala en el exterior bajo la luz directa de la luna, y déjela allí toda la noche; asegúrese de que la tapa esté puesta para que el agua no se contamine. A continuación, después de ponerla fuera, tómese un tiempo para pensar y concentrarse en sus intenciones para el próximo ciclo lunar. Piense en las cosas que quiere lograr y en cómo lo hará. Por la mañana, puede recuperar la jarra para hacer una o varias cosas con ella. Puede beber un poco del agua cada día, y cada vez que tome un sorbo del agua bendecida por la luna, recuérdese a sí mismo sus intenciones y objetivos. Esta agua tiene el poder de la luna llena y puede ser muy potente.

También puede utilizar esta agua encantada para bendecir sus herramientas mágicas, especialmente sus cristales. Los cristales pueden absorber energías mágicas si se bañan en agua de luna, y esto ayudará a amplificar sus poderes, haciéndolos más potentes en sus próximos rituales y hechizos. Algunas personas utilizan esta agua de luna bendita en su piel como elemento de belleza. La añaden a un aceite o a una crema y luego se ponen el producto de belleza en la cara todos los días.

Este ritual puede ayudarle a alinear su energía con la de la luna porque el poder de la luna le acompañará constantemente con esa agua bendita, así que úsela sabiamente y siga recordando sus intenciones y objetivos. Manifestar con el agua de la luna puede acercarle a sus metas y sueños.

Ritual de manifestación de deseos

Este ritual consiste en aprovechar el poder de la luna llena para manifestar sus deseos y hacerlos realidad. Necesitará papel, un lápiz, velas y una caja de cualquier forma o material. Comience este ritual haciendo una lista de sus manifestaciones. Deje que la diosa le guíe, y que su poder y energía le lleven a escribir sus manifestaciones, para que pueda verlas hecha realidad.

Encienda una vela para comenzar este ritual y enfoque sus pensamientos. Deje ir los pensamientos negativos en su cabeza y olvídese de los dolores y problemas del pasado. Concéntrese en el ahora y en el momento presente, soltando otros pensamientos que rondan en su cabeza. Tómese un momento para pensar en las cosas que quiere soltar o deshacerse de ellas y en lo que quiere atraer e invitar a su mente y a su alma. Luego, escriba en el papel las cosas que quiere invitar a su vida durante el próximo ciclo lunar. Enumere todo y concéntrese en que sus intenciones sean puras y realistas. Estos deseos de la luna llena podrían cumplirse en el próximo ciclo lunar, así que canalice su energía y concéntrese en sus intenciones mientras escribe esos deseos.

A continuación, coloque el trozo de papel con sus deseos en una caja o un frasco; cualquier recipiente servirá. Tome la caja o el frasco y colóquelo en el exterior a la luz de la luna para que pueda absorber su energía y disfrutar del inmenso poder que proviene de la luna. Al igual que en el ritual anterior, por la mañana, recupere la caja o el frasco y llévelo a su casa. Póngalo en un lugar donde pueda verlo todos los días. Lo ideal podría ser su altar, que ya es un espacio mágico limpiado y cargado regularmente. Pero también puede colocar el frasco en un mostrador o en su mesita de noche si lo desea. Todas las noches, antes de acostarse, considere los deseos que quiere manifestar y piense por qué quiere esas cosas. Esto le ayudará a realizar y manifestar esas cosas en los próximos ciclos lunares.

Ritual de limpieza

No puede manifestar con los diferentes ciclos lunares a menos que se limpie a sí mismo y a su espacio. La clave para la manifestación y la realización de sus objetivos es deshacerse de las energías y frecuencias negativas, que es el propósito de este ritual. Necesitará algunos ingredientes sencillos para este: incienso o hierbas como el romero y el enebro. El propósito de este ritual es utilizar el humo que sale del incienso o las hierbas quemadas para purificar su hogar de las energías oscuras, y la luna llena es el momento perfecto para hacerlo. Realizar un ritual de limpieza como este durante esta parte del ciclo lunar puede purificar su hogar de malas frecuencias y negatividad persistente.

Encienda las hierbas o el incienso y luego muévase por las diferentes habitaciones de su casa con el humo para purificar cada zona a medida que avanza. Aproveche este ritual de limpieza para liberar también cualquier cosa que no quiera en su vida y deshacerse de los pensamientos más oscuros que ya no le sirven y solo le frenan. Deje que la Diosa de la Luna le guíe en este ritual de limpieza mientras hace circular el humo por toda la casa. Vaya donde sienta que las energías son más oscuras o negativas y declare en voz alta que limpia este espacio de cualquier influencia negativa. Una vez que haya terminado de esparcir el humo, abra las ventanas y deje que la luz de la luna inunde las habitaciones, recargando la energía y expulsando cualquier influencia negativa. Esto ayuda a regenerar la energía de su hogar y le deja un espacio vital limpio, libre de viejas energías y lleno de otras nuevas.

Ritual de Luna Nueva

La luna nueva es un momento de nuevos comienzos, el inicio de un nuevo ciclo lunar. Puede alejarse del pasado y pensar en el futuro, mirando hacia adelante con positividad en lugar de enfocarse en sus defectos y errores. En esta fase del ciclo lunar, necesita considerar lo que quiere que llegue a su vida y lo que quiere dejar ir. Es el momento perfecto para reflexionar y descansar y planificar el futuro. La luna nueva no es el momento de la acción como otras fases lunares, así que no debe tomar decisiones precipitadas. A continuación, le explicamos cómo puede realizar un ritual de luna nueva.

Preparar un espacio: Lo primero que necesita hacer en un ritual de luna nueva es preparar un espacio sagrado en el que pueda reflexionar y descansar. Para ello, ordene y deshágase de todo lo que no necesite en su espacio mágico. A continuación, limpie su espacio utilizando incienso o aceites.

Límpiese a sí mismo: Cuando es luna nueva, antes de empezar el ritual, necesita limpiarse. Así que, después de limpiar su espacio, tome un baño ritual con sales naturales y aceites esenciales. Deje que el agua se lleve su energía negativa y limpie su cuerpo de cualquier impureza. Atenúe las luces y relájese en su baño ritual, meditando y relajándose. Se ha ganado el descanso, y este es el momento en el que puede relajarse para prepararse a lo que está por venir.

Conéctese a tierra: Una parte integral de este ritual de luna nueva es conectarse a tierra, y la mejor manera de hacerlo es tener los cuatro elementos naturales presentes. Le ayudarán a conectar su espacio mágico con la tierra y le mantendrán a usted también conectado a ella. La vela representa el fuego, un cuenco de agua con sal representa el océano, el incienso representa el viento y las hierbas naturales representan la tierra. Estos elementos tienen un efecto calmante y pueden mantenerlo concentrado y relajado.

Pase a una nueva página: Una vez que esté conectado a la tierra, concéntrese en la conexión con las grandes energías que están en juego. Aproveche la energía de la luna e intente aprovecharla. Cuando se sienta arraigado y conectado a la luna y a su poder, podrá pasar a una nueva página, tanto literal como metafóricamente. Tome papel (o un diario) y comience a escribir. Sin forzar nada, deje que la escritura fluya de usted y despeje su mente mientras lo hace. Escriba todo lo que siente y piensa en ese momento. Declare sus intenciones y las cosas que le gustaría experimentar en las próximas semanas. A la hora de escribir sus intenciones, sea específico porque así es como las pone de manifiesto. Cuanto más claras estén escritas sus intenciones, más fácil le resultará manifestarlas.

Pida orientación: Tras reflexionar sobre sus objetivos y sueños y declarar sus intenciones, es el momento de la fase final de este ritual, que consiste en recibir orientación espiritual. Recurra a sus deidades y guías y pida ayuda. Puede utilizar cartas de oráculo u otras herramientas mágicas, pero es importante establecer esta conexión con sus guías para que pueda confiar en que está en el camino correcto. Sea cual sea la deidad o el guía en el que crea, ore a ellos e invóquelos para que le guíen y le ayuden.

El último paso de este ritual es cerrar los ojos y visualizar. Medite y concéntrese en las cosas que quiere, y enfóquese en pasar página y empezar de nuevo. Visualice sus intenciones manifestadas y vea las cosas que quiere en su cabeza. Sea lo que sea que desee en su vida durante este ciclo lunar, la luna nueva es el momento de pensar en ello y visualizar que se manifiesta. Confíe en el proceso, tenga fe, y se manifestará en su favor.

Capítulo 8: Hechizos de protección

Ya sea que quiera protegerse a sí mismo contra el daño o a sus seres queridos contra cualquier mal que puedan encontrar en la vida, los hechizos de protección son lo que necesita. Este hechizo es muy importante cuando vivimos donde las intenciones y energías de la gente no son siempre puras. Esta es la razón por la que necesita tener amuletos y hechizos en su lugar para protegerle a usted y a todos sus seres queridos de ser dañados.

Ritual de limpieza energética

El primer ritual del que hablaremos para proteger su hogar es la limpieza energética. Combinará la mayoría de las técnicas que hemos mencionado y ayudará a librar su espacio mágico y el resto de su hogar de energías y frecuencias negativas. Aquí necesitará varias herramientas mágicas, empezando por una escoba o una escobilla.

En primer lugar, tomará la escoba o la escobilla y barrerá la energía negativa de su casa. Debe enfocarse en la intención, que es limpiar la casa de cualquier energía negativa. Vaya a cada habitación de la casa, moviéndose en dirección contraria a las agujas del reloj, y barra toda la energía negativa hacia la puerta principal. Comience por el techo y luego vaya a las esquinas, pero no deje que la escoba toque las paredes o el suelo; está barriendo las energías de las habitaciones, no barriendo el polvo. Declare su intención al pasar de una habitación a otra, barriendo todas las energías negativas y declarando que no son bienvenidas en su espacio.

Cuando haya terminado de barrer todas las energías negativas de su espacio, realizará una limpieza con humo. Necesita encender salvia y luego moverse alrededor de su casa con ella para bendecir las habitaciones y limpiar cualquier energía negativa residual. Al igual que con el barrido, muévase en dirección contraria a las agujas del reloj y concéntrese en las cuatro esquinas de cada habitación, ya que es ahí donde suele residir la energía negativa. El humo de la salvia le ayudará a deshacerse de cualquier energía persistente y, lo que es más importante, a bendecir su casa con amor, riqueza y abundancia. Visualice estas energías más positivas cubriendo su hogar mientras realice esta parte del ritual e imagina que la energía negativa es reemplazada por la positiva.

Después de esto, utilizará una campana para renovar la energía de su casa. Hemos mencionado antes cómo las campanas pueden ayudar a alejar las energías oscuras; también pueden traer paz y armonía a su hogar, lo que siempre es necesario con un ritual de este tipo. Mientras se mueve con la campana alrededor de su hogar, haga un círculo en el sentido de las agujas del reloj para atraer la energía. Puede hacer sonar la campana tres veces en cada habitación porque el tres es un número sagrado. Mientras hace sonar la campana, declare su intención y diga qué energía quiere atraer, repitiendo siempre frases y cánticos positivos.

Ahora estamos hacia el final del ritual, y la siguiente parte consiste en anclar y preservar la energía positiva que ha invitado. Lo conseguirá mediante el uso de cristales, que contienen una energía inmensa y pueden estabilizar los niveles de energía de su casa, manteniéndolos en el nivel que necesita y del que desea rodearse. Para anclar la energía en su hogar, coloque un cristal en cada habitación; el tipo de cristal dependerá de la energía y las vibraciones que desee mantener; los cristales tienen diferentes poderes, y debe poner los que sirvan para el propósito de la habitación. Podría poner un cristal negro junto a la entrada de su casa para limpiar cualquier energía negativa y ofrecer protección. En su dormitorio, podría añadir cuarzo rosa para promover el amor y la intimidad con su pareja. A medida que pase por cada habitación y coloque los cristales, muévase en el sentido de las agujas del reloj y visualice la energía que desea infundir con los cristales. Concéntrese en su intención y visualice los cristales llevando esta energía positiva y anclándola en cada habitación.

El último paso de este ritual, que consiste en infundir aún más la energía positiva en su casa, consiste en volver a recorrer cada habitación y dibujar un pentáculo. El pentáculo es un símbolo de los principales elementales, y puede añadir muchas energías positivas a su casa. Con una varita o un cristal, recorra las habitaciones en el sentido de las agujas del reloj una última vez y dibuje el pentáculo en el techo de la puerta de cada habitación, invocando a las deidades y a los elementales en el proceso y pidiéndoles que ofrezcan protección a su casa y la bendigan.

Haciendo este ritual, habrá conseguido limpiar todas las energías oscuras y negativas de su hogar. Las reemplazará por energías positivas que perdurarán y ofrecerán protección para usted y sus seres queridos.

Protección contra los enemigos

Siempre tememos el dolor y el tormento, ya sea físico o emocional, pero desafortunadamente, a veces nos persigue sin importar lo que hagamos, lo cual es usualmente debido a la maldad de las personas y los lugares. Con un poco de ayuda, puede protegerse a sí mismo y a sus seres queridos de tal tormento usando este hechizo de Luna Oscura o Menguante, hacia el final del ciclo lunar, justo antes de la luna nueva. Este hechizo es para protegerse a sí mismo y a sus seres queridos de un enemigo o de alguien que desee hacerles daño.

Para comenzar este hechizo, asegúrese de utilizar un altar oscuro. Coloque dos velas, una a cada lado del altar, una de ellas debe ser negra. Después de realizar el círculo, necesita escribir en la vela negra el nombre de su enemigo o de la persona que trae la energía negativa. Luego, invoque a sus deidades y pídales que le ayuden y le protejan a usted y a sus seres queridos. Sumerja la vela negra en el jugo de la planta dieffenbachia, que deberá preparar de antemano. Este jugo tiene el poder de adormecer la lengua, lo que impide que su enemigo hable mal de usted y de sus seres queridos. Mientras que sumerge la vela en el jugo de la planta, pida a la diosa que impida que sus enemigos hablen mal de usted y pida que se les adormezca la lengua.

También necesitará telas de araña para este hechizo porque a continuación enrollará la vela en las telas y pedirá a la diosa que esta persona quede atrapada en una telaraña de su engaño en lugar de hacerle daño a usted o a sus seres queridos. Encienda la vela después de escribir el nombre de la persona en un papel, y siga pidiéndole a las deidades que protejan a su familia de todo mal y hagan que esta persona enfrente las consecuencias de sus acciones. A continuación, queme el papel con el nombre, colocándolo en la llama de la vela negra, recogiendo las cenizas a medida que vayan apareciendo. Las cenizas deben ser esparcidas por la noche en un lugar por el que esté seguro de que pasará su enemigo, quizás junto a su casa o lugar de trabajo. Por último, encienda la segunda vela, azul o blanca, y medite. Esta vela significa la paz y la armonía que se le otorga a usted y a sus seres queridos ahora que está a salvo del mal de su enemigo.

Hechizo de Protección de la Luna Oscura

Este es otro hechizo de protección de la Luna Oscura, lo que significa que debe hacerse en el último día del ciclo lunar. Este hechizo utiliza una bolsa de amuletos para proteger a quien quiera. Puede utilizar el hechizo para proteger a sus hijos a medida que crecen, su amante en el trabajo, o incluso usted mismo de las fuerzas del mal. En términos simples, una bolsa de amuletos es una bolsa que encierra artículos encantados que manifiestan una determinada intención, en este caso, la protección. Para ver los resultados de una bolsa de amuleto hay que llevarla encima o usarla durante algún tiempo. Mientras que las bolsas de amuletos han sido a menudo representadas negativamente en las películas y programas de televisión, a menudo se afirma que son utilizadas por las brujas para dañar a los demás, se utilizan positivamente en la vida real y pueden ayudarle a mantener a sus seres queridos a salvo.

Este hechizo es ideal para la Luna Oscura porque esta época del mes se asocia con la diosa oscura, la Vieja. Ella es conocida por muchos nombres como Perséfone, Lilith, o Hécate. Ella es la protectora y la mujer sabia, por lo que este es el momento perfecto para los hechizos de destierro y protección. En resumen, este hechizo puede proporcionarle protección contra la oscuridad por ahí porque se asocia directamente con la diosa oscura.

El mejor momento para realizar el hechizo es durante la fase menguante de la luna o en la propia Luna Oscura, justo antes de la Luna Nueva. Intente realizar este ritual un sábado. Necesitará algunas cosas para la bolsa de amuletos, pero la mayoría de ellas son fáciles de encontrar. Deberá tener una hoja de arce, una cuenta de amuleto, una cinta negra, un mechón de pelo, sal del Himalaya, aceite de sangre de dragón, lavanda, ortiga, salvia, turmalina negra y una bolsa negra o un trozo de tela en el que añadirá los ingredientes. Este hechizo se realiza en dos pasos, y el segundo es un ritual de consagración, para el que necesitará una vela negra y un incienso.

Prepare todo mientras se sienta junto a su altar, meditando, y entrando en la mentalidad correcta. Concéntrese en su intención y prepárese para lanzar el hechizo de protección. Realice un círculo mágico y llene la bolsa con los ingredientes que hemos enumerado (excepto la cuenta y la cinta). Conjure y concéntrese en su intención de ser protegido o de proteger a alguien que le importa de cualquier daño. Con la bolsa llena, enrosque la cuenta de protección alrededor de la cinta negra y séllela con ella.

Para la segunda parte de este ritual, se enciende la vela negra y se invoca a la Diosa. Ore a ella y pídale que le ofrezca protección y consagre la bolsa de amuletos para que pueda utilizarla para protegerse a sí mismo o a sus seres queridos contra todo el mal del mundo. Puede crear un canto o utilizar uno estándar, pero asegúrese de que transmite el verdadero significado e implore a la diosa su ayuda para consagrar la bolsa de amuletos y poder utilizarla como protección. Visualice la energía protectora que emana de la bolsa e imagine que esa energía le protege a usted o a quienquiera que esté haciendo el hechizo de cualquier energía oscura y de todo mal. Cuando haya terminado, alabe a la diosa y apague la vela, concluyendo su ritual.

Esta bolsa de amuletos debe ser llevada consigo o con la persona para la que la haya hecho. Puede llevarla puesta, meterla en un bolso o incluso meterla en el bolsillo. No se mueva sin ella o, al menos, no la pierda de vista. Recuerde: ¡nadie más debe tocar la bolsa! Si eso ocurre, deberá realizar otro ritual para consagrarla. Al final de cada ciclo lunar, recargue su amuleto de protección, ya sea dosificándolo con agua de luna o dejándolo bajo la luna durante la noche.

Sal negra para la protección espiritual

La sal negra es uno de los ingredientes mágicos más comunes utilizados para ofrecer protección espiritual a su alma y a su hogar. Es increíblemente útil y eficiente para contrarrestar los efectos de la negatividad que encontramos en nuestra vida diaria. Desde las relaciones tóxicas y las condiciones de trabajo agotadoras hasta sus demonios y el exceso de pensamiento, las frecuencias negativas son más comunes en nuestras vidas de lo que nos gustaría admitir. Aquí es donde entra la sal negra. Puede absorber la energía negativa que llega de todo lo que le rodea y arrancar las vibraciones oscuras que le molestan.

Entonces, ¿cómo se hace? Necesita una cosa: pimienta negra, polvo de carbón activado, cenizas de fogatas o colorante alimentario negro. Utilice uno de ellos con sal marina gruesa para hacer su sal negra. Para hacer una sal negra más potente, también puede añadir ingredientes como romero, canela, aceite esencial de lavanda o cayena en polvo. Combine la sal con esos ingredientes y luego utilice el poder de la luna para cargar esta combinación. Puede dejar la mezcla bajo la luz de una luna oscura o llena para aumentar su eficacia y potenciar sus poderes.

Ahora que tiene su sal negra, ¡es el momento de utilizarla! No hay ninguna regla específica sobre cómo debería utilizarla, así que puede hacerlo como le plazca. Puede esparcir pimienta negra por su casa para protegerse a usted y a sus seres queridos de cualquier oscuridad o mal. También puede poner un poco en su coche para protegerse de los problemas de la carretera o en un pequeño frasco en su oficina para mantener alejados a los compañeros de trabajo tóxicos y los problemas que vienen con ellos.

Capítulo 9: Hechizos de destierro

Los últimos hechizos que discutiremos en esta parte son los hechizos de destierro, que pueden ser utilizados para una variedad de propósitos esenciales. Un hechizo de destierro se utiliza simplemente para deshacerse de cualquier influencia negativa en su vida, ya sean personas o pensamientos y sentimientos con los que ha estado luchando. Un hechizo de destierro puede aliviar el dolor de una experiencia traumática que le ha perseguido durante mucho tiempo. También puede lanzar un hechizo de destierro cuando quiere terminar una relación tóxica o una amistad que le hace más daño que bien o quiere un nuevo comienzo y dejar ir el pasado con todo su dolor.

Ritual de liberación de luna llena

Mientras que los hechizos de destierro se lanzan habitualmente durante las fases menguantes de la luna, algunos se pueden lanzar durante la luna llena, como este ritual de liberación. Este ritual se enfoca en aprovechar la energía de la luna y su alineación natural con nuestros estados de ánimo y ciclos. Nuestros estados de ánimo cambian con el cambio de las fases lunares, y sus niveles de energía también. Este ritual de liberación le ayudará a aprovechar el poder de la luna llena para que pueda deshacerse de cualquier cosa que le frene o le cause dolor en la vida. Necesitará un bolígrafo y un papel, salvia o aceites y velas.

Para comenzar este ritual, necesita formar su círculo mágico, pero primero, limpie su círculo mágico de cualquier energía negativa persistente que pueda estar impidiendo el ritual. Puede poner música relajante para entrar en ambiente y prepararse mentalmente para realizar esta ceremonia. Despeje su mente de todos los pensamientos y concentre sus energías. También puede encender velas e incienso para ayudarle a concentrarse y canalizar su energía. Las velas también limpiarán el espacio de vibraciones oscuras y energía negativa. Visualice que todas las malas energías se filtran fuera de su cuerpo y le permiten meditar tranquilamente bajo la luz de la luna.

A continuación, conéctese a tierra y tome el control de su cuerpo y de su respiración. Después de meditar, deberá aprender del momento y de cómo se siente. Piense en las cosas que le gustaría liberar de su vida y por qué desea hacerlo. Puede ser un trabajo que le cause dolor y agotamiento o una relación que le pese y afecte negativamente a su vida. Sea lo que sea, escríbalo en un papel y declare su intención de deshacerse de ese efecto negativo en su vida. Luego, firme con su nombre en el papel y ponga la fecha. Por último, cierre los ojos y declare al universo que está liberando de su vida lo que sea que le preocupa. Visualice que esto sucede y tenga fe en que el universo se encargará de todo.

Después de eso, sostenga el papel con la mano sobre la vela encendida y deje que la llama queme sus problemas y libere la negatividad. Visualice el humo del papel quemado declarando sus intenciones al universo y ayudándole a encontrar la paz y la armonía. Debe terminar este ritual con una nota positiva. Medite y despeje su mente de pensamientos sobre lo negativo que ha liberado, y sea agradecido. Siéntese en paz y en silencio durante un rato, y agradezca las cosas que ha aprendido de esas situaciones difíciles o de las personas tóxicas. Perdone a los que le han hecho daño y suelte cualquier odio o negatividad que tenga hacia ellos; esto también podría significar perdonarse a sí mismo por cualquier dolor que haya podido causar. Ya ha liberado lo que le preocupaba, así que no tiene sentido que se quede en la pérdida y el dolor.

Exprese su gratitud hacia el universo por haberle ayudado a liberar esos problemas y agradezca a las deidades por haberle ayudado a limpiar esos problemas. Por último, tome un baño ritual de limpieza para calmarse y eliminar cualquier resto de negatividad.

Hechizo para desterrar la negatividad

No importa cuánto lo intentemos, la mente tiene su manera de morar en las cosas negativas que le afectan. Puede intentar con fuerza tener pensamientos positivos y no morar en lo que le está haciendo daño, pero a veces, los pensamientos negativos son demasiado poderosos. Este hechizo le ayudará a lidiar con tales problemas, y podrá desterrar las ideas de su mente.

Necesitará un caldero, una pluma, una vela roja y dos pedazos de papel para este hechizo de destierro. Puede realizar este hechizo durante las fases de luna menguante o nueva, pero nunca durante la luna creciente. Comience por dibujar una imagen de sí mismo con los pensamientos oscuros que lo agobian. No hay una manera correcta de hacer esto porque depende de sus interpretaciones y sentimientos. Tal vez quiera dibujarse a sí mismo con una nube negra colgando sobre su cabeza o una imagen de alguien sollozando. Sea lo que sea lo que siente, dibújelo. Luego, tome la vela roja y cárguela con la energía de la luna porque tendrá un efecto curativo para este hechizo. Después, encienda la vela y sostenga la punta del dibujo que ha hecho en la llama.

Cuando el dibujo se prenda fuego, colóquelo en el caldero. A continuación, haga otro dibujo de sí mismo, esta vez feliz y sin la negatividad que le agobia. Tome este segundo dibujo y colóquelo debajo de la vela roja. A continuación, deje que la vela se consuma mientras se visualiza liberándose de lo que le molesta y disfrutando de una vida más feliz, todo ello con la luz de la luna bañándole y recargando su energía.

Vinagre de cuatro ladrones para desterrar el mal

Esta es una de las pociones más populares para desterrar el mal y la negatividad, y su origen se remonta a cientos de años. Necesitará lavanda, romero, salvia, tomillo, menta, vinagre de sidra de manzana, ajo, y un frasco o recipiente hermético para este hechizo. También deberá elegir hierbas frescas para este hechizo.

Comience por poner las hierbas dentro del frasco y luego cubra las hierbas con vinagre de sidra de manzana y cierre la tapa herméticamente. Guárdelo en un lugar fresco y seco, y agite suavemente el frasco todos los días durante 1 a 1,5 meses. A continuación, saque las hierbas del vinagre y su poción estará lista para ser utilizada. Hay varias maneras de utilizar el vinagre de los cuatro ladrones, y le ayudará a desterrar todo el mal y a protegerse a sí mismo o a sus seres queridos contra las fuerzas oscuras que actúan en el mundo.

Puede esparcir este vinagre alrededor de la puerta de su hogar para mantener alejadas las energías oscuras y el mal y para proteger su hogar de los enemigos. Si no le importa el sabor, también se puede utilizar como ingrediente en la cocina para proporcionarle protección y desterrar todo el mal que le rodea mientras se mueve, además de romper los hechizos que le puedan hacer.

Hechizo para desterrar la depresión

El estrés y la depresión son las plagas de los humanos modernos. Ya sea el estrés de su trabajo diario o la depresión de las crisis existenciales y no saber su propósito en la vida, este hechizo podría ayudar. Probablemente ya ha intentado todos los otros enfoques para hacerse sentir mejor y deshacerse de su estrés y la tristeza, y podría ser el momento de probar algo diferente.

Para este hechizo, necesitará una piedra negra y una vela. Este hechizo requiere ir a un cuerpo de agua corriente, preferiblemente durante la luna nueva o menguante, así que busque el arroyo más cercano, riachuelo, o incluso el océano. Siéntese, encienda las velas y sostenga la piedra en su mano derecha. Cálmese y medite. Piense en todas las cosas que le agobian y le causan depresión y estrés. Canalice esos pensamientos y energías negativas hacia la piedra que sostiene. Cuando sienta que esos problemas y dolores han abandonado su cuerpo y se han instalado en la piedra, arrójela al agua y entone un cántico. Declare a la diosa y al universo que desea que esos sentimientos y pensamientos hayan abandonado su cuerpo, y que desea que sean reemplazados por paz, serenidad y felicidad.

Después de hacer esto, conéctese a tierra y cálmese, siéntese y piense en los sentimientos que está experimentando y en lo bien que se siente al librarse de esos pensamientos oscuros y de la depresión. Agradezca a la diosa su ayuda para aliviar su dolor. Permanezca un rato junto a la masa de agua corriente y deje que la energía de la luna lo bañe y lo libere de cualquier remanente de negatividad y depresión. A continuación, apague las velas, recoja y vuelva a casa, creyendo que su depresión es cosa del pasado.

Destierro reflexivo

Todos tenemos personas y cosas en nuestras vidas que son una fuente de estrés y dolor constante, y pueden canalizar su energía negativa hacia usted por lo que a menudo se encuentra incapaz de resistirse a ser afectado por la negatividad. Este hechizo es para esta situación; está diseñado para reflejar esta negatividad en el objetivo, ya sea una persona tóxica en su vida o espíritus no deseados que le causan mucho dolor. Necesitará un pequeño espejo y algo para escribir (un lápiz de aceite funciona perfectamente aquí).

Escriba el nombre de la persona o del espíritu que le causa dolor y declare debajo del nombre que a partir de ahora devuelve y refleja esta energía oscura. Agregue también un símbolo de destierro. Luego, lleve el espejo consigo hasta que esta persona o espíritu haya dejado de canalizar su negatividad hacia usted.

Hechizo para eliminar maldiciones

Este siguiente hechizo se trata de eliminar las maldiciones de un objeto. Si tiene un objeto que cree que está maldito, este hechizo podría ayudar. Remover maldiciones a menudo depende de la fuerza de la maldición, pero necesita intentar varios enfoques hasta que se disipe. Pruebe un ritual de purificación para eliminar la maldición de un objeto; puede hacerlo sumergiendo el objeto en agua salada y luego encendiendo incienso y dejando que su humo cubra el objeto, también puede utilizar agua bendita en lugar de incienso. Si la maldición es débil, se eliminará con este sencillo ritual de purificación. Si es fuerte, puede que necesite hacer algo más.

Hasta que no conozca exactamente la maldición del objeto, necesita al menos limitar sus daños para poder hacer un contra hechizo. Puede hacerlo poniendo un elemento de cobre en el objeto, ya que el cobre es capaz de atraer energías negativas y mantener un cierto equilibrio de la energía del objeto. Sin embargo, esta es una solución temporal. Su mejor oportunidad es saber qué maldición ha sido colocada en este objeto, por lo que podría realizar un ritual particular o lanzar un determinado hechizo que funcione con esta maldición específica. El cobre solo puede atraer energías negativas durante un tiempo, y podría fallar, así que esta no es una solución a largo plazo para este problema. Si se encuentra con un objeto maldito, siga un cierto orden. Comience con el ritual de limpieza y rece para que funcione y elimine la maldición. Si no lo hace, intente aprender todo lo que pueda sobre la maldición y entender qué puede hacer exactamente. Hasta que lo logre, utilice una moneda o cualquier otro objeto de cobre para amortiguar los efectos de la maldición y reducir su daño.

Hechizo para desterrar el peligro

Este es un hechizo muy importante para desterrar personas peligrosas con las que se haya cruzado y haya temido por su vida o la de sus seres queridos. Le ayudará a desterrar el peligro y proteger a todos y todo lo que le importa. Necesitará una cinta roja, un muñeco que represente a la persona (o personas) peligrosa, una vela negra y un incienso de mirra.

Forme su círculo mágico y encienda el incienso y la vela negra. Ponga agua salada en el muñeco y declare sus intenciones hacia esta persona. Quiere que se aleje de usted y de sus seres queridos, así que declárelo y bendiga el muñeco para que este cántico funcione. A continuación, sostenga el muñeco en la mano y visualícelo atado con una red de plata, que representa a la persona peligrosa atada para que no le haga daño. A continuación, utilice la cinta roja para atar el muñeco con fuerza, asegurándose de que lo ata para que no pueda hacerle ningún daño.

Después de atar al muñeco, cárguelo cantando a los dioses y diosas y honrando a los elementos. Declare que desea que esta marioneta y quien la representa sean atados y que su daño sea desterrado de usted y de todos sus seres queridos. Esto marca la conclusión del hechizo. Abra su círculo, tome el muñeco y entiérrelo. Entiérrelo bajo una luna menguante, entiérrelo lejos de su hogar, y coloque una roca pesada sobre su lugar de entierro. Esto ayudará a desterrar el peligro que trae esta persona y le protegerá a usted y a su familia de su maldad.

Hechizo para alejar a las personas de su vida

El siguiente hechizo que discutiremos es para desterrar personas no deseadas de su vida. Necesitará sal marina, velas blancas y negras, una foto de su persona y una piedra de cuarzo para realizar este hechizo.

Forme un círculo con la sal marina y ponga la piedra de cuarzo, la vela blanca y su foto dentro de él. Bendiga la vela blanca y demande que le proteja solo a usted de cualquier posible daño. Luego, enciéndela. Después, tome la vela negra y bendígala para que absorba todas las energías negativas que puedan afectarle. Encienda esta vela negra y colóquela fuera del círculo de sal y deje que se consuma. Esto ayudará a protegerse de cualquier energía negativa y a mantener a esa persona alejada hasta que se retire de su vida.

Hechizo para desterrar la adicción al alcohol

Luchar contra la adicción al alcohol es uno de los peores retos en los que se puede encontrar una persona. Desgraciadamente, ocurre a menudo sin que se dé cuenta. Se dice a sí mismo que será solo una copa o dos para suavizarse o relajarse después de un largo y estresante día, y pronto podría encontrarse adicto a esa sensación de adormecimiento que el alcohol le da. En estos tiempos difíciles, podría hacer un hechizo para desterrar esta adicción y ayudarle a dejar de beber alcohol.

Para este hechizo, consiga alrededor de una docena de pedazos de papel pequeño, un bolígrafo o lápiz, cuerda o cordón negro, un vaso de agua, cristal de amatista, y una botella vacía de su alcohol favorito, pero necesita tener una tapa, y lávela antes de este hechizo. Antes de comenzar el ritual, piense en las razones por las que quiere dejar de beber alcohol. Cualesquiera que sean esas razones, escríbalas en un papel, por separado. Necesita ser honesto consigo mismo aquí, así que escriba las razones tal como son, ya sea que esté dañando a las personas que ama, afectando su trabajo, o cualquier cosa.

A continuación, forme su círculo mágico como lo hace habitualmente y medite durante un rato. Tranquilícese y aclare su mente; debe tener los pensamientos despejados para que este ritual funcione. A continuación, tome un papel y lea lo que pone en él en voz alta y luego declare su contrario también en voz alta. Por ejemplo, si el papel dice: "Discuto mucho con mi mujer porque bebo alcohol", entonces tienes que afirmar su contrario y decir: "Ahora no discuto tanto con mi mujer porque he dejado de beber alcohol". La visualización es clave para que este ritual funcione. Necesita imaginarse a sí mismo liberado de la carga del abuso del alcohol y sin una preocupación en su mente ahora que está sobrio. Crea que las cosas que está leyendo en voz alta son ciertas, y se harán realidad.

Piense en cómo se sentiría si fuera cierto, y estuviera libre de esta adicción y sano, llevando una vida mejor. Tome el trozo de papel que ha leído y póngalo en la botella vacía. Después, tome otro trozo de papel y repita el proceso. Cuando haya terminado todos, ponga la tapa y cierre el frasco con los papeles dentro. Tome el hilo o cordón negro, átelo alrededor del cuello de la botella y haga tres nudos (recuerde la importancia del número 3). A continuación, tome el vaso de agua, deje que la luz de la luna lo ilumine, lavándolo con su energía. Y beba agua. Visualice que esta agua le limpia y le purifica de la necesidad de alcohol.

Por último, tome el cristal y póngalo en sus manos, y siéntese a la luz de la luna. Sienta cómo la luz le cubre con su poder y deje que fluya desde usted hasta el cristal. Medite en deshacerse de su adicción al alcohol y en volverse sobrio, todo ello mientras sostiene el cristal. Luego, declárelo al universo; diga que ya no es un bebedor, y se hará realidad. Cierre el círculo y medite durante un rato. Después, tome la botella y deshágase de ella; puede enterrarla en la tierra o simplemente tirarla. Después del ritual, recuerde llevar el cristal consigo. Si alguna vez siente la necesidad de beber alcohol, beba agua y visualice como lo hizo antes, simplemente crea que va a funcionar.

Hechizo para desterrar influencias negativas

Por último, hablaremos de un ritual para desterrar velas que le ayudará a deshacerse de las influencias negativas en su vida. Para ello, necesita una vela negra y un portavelas, sal, una herramienta para tallar, como un alfiler o un cuchillo afilado, pimienta negra o blanca y un aceite de unción de cualquier tipo.

Comience por esparcir la sal en dirección contraria a las agujas del reloj para formar un círculo a su alrededor. Mientras la esparce, visualice que la sal forma un escudo protector alrededor suyo y de su espacio mágico para protegerlo de cualquier fuerza oscura. Piense sobre el objetivo de su hechizo de destierro y sobre aquello de lo que desea deshacerse, ya sea una persona o un sentimiento. Luego, declare su intención tallando este deseo en la vela, como el deseo de perder la ansiedad o el cansancio o querer que alguien no se cruce en su camino nunca más. También es una buena idea tallar en la vela un sigilo o símbolo de destierro.

Cuando haya terminado, utilice el aceite para ungir la vela y también espolvoréela con sal. A continuación, coloque la vela en el soporte y enciéndala mientras declara sus intenciones en voz alta. Deje que la vela se consuma mientras se sienta junto a ella y medita, visualizando que sus deseos se hacen realidad y que lo que quiere fuera de su vida se destierra. Cuando haya terminado, rompa el círculo y olvídese del hechizo.

Parte 3: Otras formas de trabajar con la Luna

Capítulo 10: Agua, cristales y aceites lunares

A estas alturas, ya entiende muchos hechizos que puede realizar con el poder de la luna, pero todavía hay muchas formas de aprovechar ese poder y utilizarlo en su beneficio. La energía que proviene de la luna durante el ciclo lunar puede bendecir muchos objetos y cargar de energía sus objetos mágicos. En este capítulo, exploraremos otras formas de utilizar el poder procedente de la luna, ya sea para crear agua lunar o para consagrar sus cristales y trabajar con aceites. Estas técnicas se pueden hacer por separado, o se pueden hacer juntas para maximizar su cosecha de la energía de la luna.

Agua lunar

En un capítulo anterior dimos instrucciones detalladas sobre cómo crear agua lunar, pero no es la única forma en que se puede elaborar. Algunos prefieren hacer agua lunar durante las fases de luna nueva y llena, para utilizarla en rituales mágicos especiales y en momentos específicos a lo largo de los ciclos lunares. Otros hacen agua de luna durante las fases lunares crecientes o menguantes. Todo depende de sus preferencias, de su conexión con la luna y del momento que considere ideal para trabajar en este ritual. Aquí encontrará una guía sencilla sobre cómo puede hacer agua de luna, pero puede seguir un enfoque diferente si lo desea.

1. Preparar el recipiente

El primer paso para hacer agua de luna es preparar un recipiente que refleje no solo quién es usted como persona, sino también lo que está tratando de atraer. Si está tratando de atraer la riqueza, puede utilizar un recipiente más caro. También puede utilizar un frasco de vidrio de cualquier tipo, pero debe estar cargado con su intención y sus objetivos para el próximo ciclo lunar para que pueda utilizarlo con la máxima eficacia.

2. Cargar el contenedor

Aunque no realice este paso, es beneficioso si lo hace. Cargar el recipiente antes de realizar el ritual de la luna puede ayudar a alejar cualquier energía negativa que pueda estar rondando y drenando su energía o infundiéndole vibraciones negativas. Puede utilizar cristales para este propósito porque tienen efectos curativos y pueden ayudar a protegerle de energías negativas e influencias no deseadas.

3. Poner el recipiente bajo la luz de la luna

Con el recipiente preparado, llenarlo con agua. Deberá utilizar un frasco o recipiente con tapa para evitar que cualquier cosa contamine su agua lunar. Luego, tome el frasco y póngalo bajo la luz de la luna durante la fase que considere mejor para cargar su agua - idealmente, debería ser una luna llena o nueva. Aunque debería poner el frasco bajo la luz directa de la luna en el exterior, si vive en un apartamento y esto será complicado, puede poner el recipiente junto a una ventana.

4. Recuperar el recipiente

Después de dejar el frasco toda la noche, recupérelo por la mañana con su agua lunar recién cargada. Mantenga su agua lunar consigo porque hay muchas maneras de utilizarla.

Agua elemental en rituales: La primera forma en que puede utilizar el agua lunar es en sus rituales mágicos. Ponga el agua de luna en un cáliz, colóquelo en el altar, y puede ser una representación del elemento agua durante sus rituales. También puede utilizar este cáliz de agua de luna para invocar a los cuartos lunares.

Ofrendas: El agua de luna puede ser una ofrenda a las deidades. Es la ofrenda perfecta para las deidades que invoca, y puede ayudarle a invocar su guía y bendición. Ponga un poco de ella en un recipiente junto con flores o pétalos, o cualquier ofrenda que crea que sus deidades apreciarán. Después, presente la ofrenda a su deidad con un canto o una oración de su autoría.

Bendición y carga: Puede utilizar el agua de la luna para bendecir cualquier objeto mágico que utilice durante sus rituales y hechizos. Puede utilizarla, por ejemplo, para bendecir la pluma con la que escribirá en su libro de las sombras o bendecir su varita o cualquier otro objeto mágico que vaya a utilizar durante los rituales. El agua de luna puede cargar y limpiar su altar y todas sus herramientas mágicas. Para consagrar un objeto mágico con agua de luna, sumerja un dedo en el agua cargada de luna y luego dibuje un pentáculo u otros símbolos mágicos en los objetos que quiere bendecir.

Cargar cristales en agua de luna es una de las prácticas más comunes para las brujas, ya que regenera y carga los poderes de los cristales, y luego puede utilizarlos para rituales de limpieza y otros hechizos y ceremonias mágicas. La combinación de cristales y agua de luna puede ser poderosa si se utiliza correctamente.

Unción: El agua de luna se utiliza a menudo para ungir objetos y no solo mágicos. Por ejemplo, puede ungir su dinero con agua lunar para promover la riqueza y atraer la buena fortuna. Esto se debe a que el agua, como elemento, se asocia a menudo con el dinero, ya que ambos fluyen. Para este ritual, concéntrese en sus intenciones y sea específico en cuanto a la riqueza que le gustaría atraer. Imagine que la riqueza y la abundancia fluyen en su dirección, como lo haría el agua.

Limpieza: Recuerde siempre que el agua de la luna puede limpiar su hogar de cualquier energía negativa y vibraciones oscuras.

Belleza y cuidado personal: Muchas brujas utilizan el agua de luna con fines de belleza. Puede lavarse la cara con ella o añadirla a los productos de belleza. Puede añadir agua lunar a su baño para recargar su cuerpo y limpiarlo mientras se baña. También puede utilizarla en jarrones con flores para dar a sus flores una vida bendecida.

Promover la creatividad: Se cree que el agua de luna impulsa y promueve la creatividad. Puede limpiar su espacio de trabajo con agua de luna e incluso limpiar su tablero de visión con ella. Puede utilizar el agua de luna con sus chakras para promover las habilidades psíquicas y la creatividad.

Estas son solo formas de utilizar el agua de luna; esencialmente, puede utilizarla de la forma que quiera. Desde cocinar hasta limpiar, esta agua cargada puede darle energía positiva y limpiarle las malas vibraciones, además de bendecir su hogar.

Cristales

Los cristales pueden utilizarse con la energía lunar con un gran efecto, pero hay que saber con qué cristales trabajar y cómo. El reto con los cristales es que hay muchos tipos por ahí, y necesita seleccionar el tipo correcto para trabajar y en la fase lunar adecuada, o de lo contrario su intención no se manifestará. Estos son los cristales que puedes utilizar para recoger y canalizar la energía de la luna.

Piedra de luna

Aunque pueda parecer un poco obvio, la piedra lunar es uno de los mejores cristales para trabajar con la energía de la luna. No necesita un color particular de piedra de luna; puede ser blanca o incluso negra. Lo mejor de este cristal es que puede utilizarlo para trabajar con la energía lunar durante todas las fases de la luna, por lo que no está limitado a las lunas nuevas o llenas, aunque su poder en la luna llena es extremadamente potente. Si siente ese poder mientras la lleva en luna llena y no le gusta la cantidad de poder que siente, puede dejarla de lado hasta la siguiente fase lunar sin efectos adversos.

La piedra de luna se asemeja a la diosa y a la energía femenina que la acompaña, lo cual no es sorprendente si se tiene en cuenta que la propia luna manifiesta la diosa y la energía divina femenina. Utilice la piedra de luna para aprovechar su intuición y canalizar sus sentimientos viscerales para ayudar a manifestar sus deseos. Siempre que quiera alinearse con sus objetivos y aprovechar su poder, utilice la piedra de luna durante cualquier fase lunar.

Selenita

La selenita es uno de los cristales más populares para muchas brujas, y por una buena razón. Su poder es grande, y se utiliza para hacer muchas cosas grandes. El nombre del cristal se deriva de la diosa de la luna Selene, y es un cristal de luna llena, por lo que se utiliza mejor durante esta fase lunar para aprovechar al máximo la energía lunar. La selenita tiene una cierta iridiscencia que es como el brillo de la luna, y se cree que este cristal emana paz y alegría a los que lo utilizan.

La selenita puede ayudar a procesar la gama de emociones y miedos que a menudo se manifiestan con la luna llena, por lo que es mejor utilizarla durante esta parte del ciclo lunar. Puede neutralizar y repeler las energías negativas que a menudo nos rodean y nos hunden. Aunque este cristal se utiliza para repeler las energías oscuras y emitir vibraciones positivas, podría necesitar una limpieza de vez en cuando para que pueda obtener el mejor resultado al utilizarlo. Tiene que cargar su selenita bajo la luna llena dejándola por la noche para que se impregne de la energía de la luna.

Cuando utilice la selenita, concéntrese en sus intenciones y en repeler las energías negativas. También visualice este cristal, trayéndole alegría y felicidad y manifestando cosas buenas en su vida.

Labradorita

Hay un cierto brillo de color cambiante en la labradorita bajo cierta luz, lo que hace que tenga un aspecto hermoso y cautivador. Este cristal tiene cualidades protectoras y puede ofrecerle protección contra la energía negativa y las vibraciones oscuras. Este cristal se utiliza mejor durante la luna llena y es ideal para los rituales de manifestación. También se cree que la labradorita está vinculada a la energía del sol, lo que le da un poder aún mayor teniendo en cuenta que tiene ambas fuentes de energía vinculadas.

Este cristal en particular se utiliza para ayudarle a encontrar el equilibrio en su vida y a descubrir lo que le está frenando. ¿A qué no se está enfrentando? ¿Qué le impide avanzar hacia un lugar mejor y llevar una vida mejor? Estas son todas las preguntas que pueden ser respondidas utilizando la labradorita, ya que potencia la espiritualidad y la intuición y puede ayudar a conectar con uno mismo y con sus sentimientos más íntimos. La labradorita es un cristal del despertar espiritual y de la transformación, y después de utilizarla con la luna llena, puede transformar su vida.

Amatista

La amatista no se utiliza necesariamente con la luna llena ni está vinculada a ella, pero puede beneficiarse mucho de su energía. Esta piedra violeta vibra en una frecuencia especial que puede ser amplificada por la luna llena. La amatista puede ayudarle a superar los sentimientos pesados que puedan estar agobiándole, y puede ayudarle a navegar por su agitación interior para salir sintiéndose mejor consigo mismo y con sus inseguridades.

La amatista puede mantenerlo con los pies en la tierra, potencia la espiritualidad y le pone en contacto directo con su intuición para que pueda averiguar lo que le molesta y le hace sentirse infeliz. Utilice este cristal durante diferentes ciclos lunares, pero sobre todo durante la luna llena, para superar sus inseguridades y miedos y aceptar sus defectos.

Ópalo

El ópalo es uno de los cristales más poderosos que puede utilizar durante las fases lunares. Su fuerza proviene de su conexión con el elemento agua, que, como hemos mencionado varias veces, está estrechamente asociado con la energía de la luna. El ópalo representa la purificación y es una manifestación de la limpieza de las energías oscuras alrededor de su hogar. Utilícelo para bendecir sus herramientas mágicas y su altar y para limpiar su hogar antes de formar su círculo mágico.

Cuarzo claro

Se cree que el cuarzo claro contiene poder y conocimiento que puede bendecir sus rituales lunares con una poderosa protección. Lo mejor del cuarzo claro es su versatilidad, y se considera uno de los cristales más utilizados. Puede utilizarlo para cualquier propósito, dependiendo de sus intenciones.

Se puede utilizar durante la fase de luna llena para canalizar su intención hacia las energías positivas y atraer cosas mejores a su vida. El cuarzo claro puede ayudarle a alinear su energía con la de la luna, para que pueda declarar sus intenciones al mundo y verlas hecha realidad.

Aceite lunar

El aceite lunar puede aumentar el poder de sus intenciones y canalizar ciertas energías. Puede llevarlo consigo para repeler las energías oscuras y limpiarse. El aceite lunar tiene hierbas y aceites bendecidos con la energía lunar y puede ayudarle a aprovechar esa energía.

Para hacer el aceite lunar, puede elegir el aceite que más le guste o que crea que se ajusta más a lo que necesita el aceite. Si tiene pensado utilizar el aceite lunar en la piel, puede valer la pena conseguir aceites respetuosos con la piel y que no irriten. Si esa no es su intención, entonces puede utilizar cualquier aceite con el que quiera trabajar. Para los propósitos de esta parte, usaremos aceite de semilla de uva y aceite de almendras dulces o de aguacate. Puede añadir aceites esenciales como el de rosa o el de jazmín. Añada hierbas a la mezcla; puede elegir las hierbas que crea que le ayudarán a aprovechar la luz de la luna. Utilice un frasco pequeño para combinar la mezcla y utilícela siempre que la necesite.

Después de poner todo en la botella, añade también pequeños cristales para cargar la mezcla con una energía aún más potente. Deje la botella bajo la luna durante la noche para cargarla durante cualquiera de las fases lunares, quizás la luna llena para obtener la mayor potencia. Recójala por la mañana como lo haría con el agua de luna y utilice el aceite de luna como quiera.

Capítulo 11: Rituales de la diosa de la Luna

En este capítulo, exploraremos los rituales que puede realizar para honrar a la diosa de la Luna. Como ya es sabido, la diosa de la Luna ha sido conocida por muchos nombres en diversas civilizaciones, todas ellas con sus propias formas de honrarla. Hasta el día de hoy, varias tradiciones religiosas todavía honran a la diosa de la Luna y realizan rituales en su honor. Algunos deben realizarse durante ciertas fases del ciclo lunar en las que su presencia es más notoria, y otros durante cualquier parte del ciclo.

Ritual para atraer a la Luna

Este es un poderoso y hermoso ritual wiccano para invocar a la diosa de la Luna. La bruja que lanza este hechizo invoca a la diosa dentro de sí misma, ahogándose en un estado de trance, para hablar las palabras de la diosa y transmitir sus órdenes. Este ritual se practica mejor durante la luna llena o justo antes de ella, y es mejor hacerlo al aire libre para poder estar en contacto directo con la energía de la luna, pero si eso es imposible, se puede hacer en el interior, pero asegurándose de estar en una vista clara de la luna.

No hay una única forma correcta de hacer este ritual, y cada bruja tendrá diferentes enfoques. Dependerá de sus creencias personales y de cómo practique generalmente su magia. Necesitará un altar limpio para este ritual, así que comience por limpiar el espacio mágico de todas las energías negativas y espíritus malignos. Después de limpiar el lugar con salvia o cristales, póngase delante de su altar, de cara a la luna llena, y cruce los brazos. Mientras esté en esta posición, invoque a la diosa de la Luna. Puede utilizar cualquier frase o canto con el que se sienta cómodo. Simplemente ore e invoque la presencia de la diosa en su espacio mágico sagrado.

Levante los brazos y mueva los pies para que estén separados a la anchura de los hombros. Al abrir los brazos así, está dando la bienvenida a la diosa en su recipiente mortal. Usted sentirá que su energía fluctúa, y el poder surgirá en su cuerpo, lo cual está bien porque esta es la diosa de la luna entrando en usted. Hable desde su mente en nombre de la diosa de la luna. Declare su presencia y su intención e identifíquese como ella. No hay palabras exactas que deba recitar aquí; solo diga lo que cree que la diosa representa y sienta su poder correr por sus venas mientras ella toma su cuerpo. Honre a la Diosa y declare su lealtad y gratitud eterna a la Diosa, como debe ser.

Para concluir la ceremonia, medite mientras siente que el poder se disipa y la diosa abandona su cuerpo. Este es el momento de estar en un estado de ánimo contemplativo y pensar en lo maravilloso que acaba de experimentar. Baje los brazos para marcar el final del ritual y cierre el círculo mágico. Puede esperar tener poderes aumentados durante los próximos días, lo cual es normal; ha tenido una diosa dentro de sí. También puede tener habilidades psíquicas agudizadas durante unos días, así que trate de mirar hacia su futuro y concéntrese en su intención y en las cosas que le gustaría invitar a su vida. Cuanto más concentrado se encuentre, más podrá aprovechar cualquier poder residual que pueda haber en su cuerpo y utilizarlo en su beneficio.

Invocando a Artemisa (Ritual de Luna Llena)

Este segundo ritual del que hablaremos es la invocación a la diosa de la caza y de la luna Artemisa; realizará este ritual en luna llena. Su objetivo es similar al del ritual de "atraer a la luna" porque pretende atraer a la deidad para que ocupe su cuerpo y hable a través de usted, pero este está dirigido específicamente a la diosa de la caza. Se creía que Artemisa era la protectora de las vírgenes y de todo lo casto, así como del bosque y de los animales salvajes. Era una cazadora diferente a cualquier otra, casta, hermosa y pura, también conocida como la virgen eterna que nunca fue tocada por el hombre o el dios. Este ritual es para honrarla y rendirle homenaje.

Para este ritual, necesitará una vela blanca, un cristal de piedra de luna, aceite de oliva, artemisa, estragón y ajenjo; puede utilizar solo una hierba, una combinación o las tres. Necesitará también preparar música chamánica para el ritual. Necesita entrar en la mentalidad correcta antes de comenzar este ritual porque está invitando a la poderosa diosa Artemisa a su cuerpo, así que tiene que estar preparada. Comience por limpiarse a sí mismo para que sea receptivo a una deidad tan poderosa. Tome un baño ritual de limpieza para limpiarse y purificarse para dar la bienvenida a la más pura de las diosas.

A continuación, hay que limpiar el espacio mágico para dar la bienvenida a Artemisa. Utilice una bruma o aceites para limpiar su espacio mágico, empezando por las esquinas. Después de limpiarse a sí mismo y al lugar, es hora de empezar el ritual. Baja las luces, encienda el incienso, y deje que las velas ardan también. Ponga música chamánica para preparar su mente y su alma y ayudarle a entrar en un estado de meditación focalizado. Realice su círculo mágico después de preparar todos los elementos e ingredientes para este ritual.

Mientras que escucha la música y disfruta del incienso y del entorno, permítase sumergirse en un profundo estado de meditación y trasladarse a un tiempo y espacio diferentes. Imagínese en el lugar favorito de Artemisa, un bosque en la antigüedad donde los árboles están por todas partes y los animales salvajes vagan libremente. La visualización de estas escenas es importante porque crean un ambiente acogedor para que la Diosa se haga presente. A continuación, unja su vela blanca con el aceite de oliva y, mientras lo hace, honre a Artemisa y rece una oración por la Diosa. Consagre este ritual y la quema de la vela a su pureza y ferocidad salvaje. Después de ungir la vela, es necesario que usted se aplique a sí mismo más aceite de oliva, comenzando por la parte inferior y moviéndose hacia la parte superior.

Mientras se unge, es el momento de invocar a Artemisa. Aquí puede decir las palabras que desee, pero asegúrese de que salgan del corazón y lleven el honor y la veneración que merece una diosa así. Invoque a la diosa y pídale que ocupe su cuerpo y lo utilice como un recipiente para bendecirlo con su energía. Invoque su nombre y hónrela con las descripciones y los títulos transmitidos de generación en generación. A continuación, esparza las hierbas sobre sí mismo y alrededor de la vela, honrando a la diosa. También unja la piedra de luna y llévela consigo. Puede llevarla como colgante o guardarla en el bolsillo; solo asegúrese de llevarla encima porque este cristal representa su conexión con la diosa y facilitará su paso a su forma física.

Ahora, ¡es el momento de bailar! Póngase en pie y baile con desenfreno y libertad como hacían los antiguos sacerdotes en honor a Artemisa. Esta es la mejor manera de honrar la energía pura y la naturaleza salvaje de la Diosa, y necesita bailar hasta que no pueda bailar más. Cuando su energía se haya agotado, recuéstese en el suelo y deje que la energía de Artemisa lo inunde y lo cargue. Siéntense lentamente una vez que sientan que han sido bendecidos con sus poderes y rompan el círculo. Conéctese a tierra y céntrese. Piense en la experiencia de ser uno con la diosa de la caza y en lo que eso significa.

Puede preparar un altar para Artemisa para tenerla siempre presente consigo, bendiciéndole con su ferocidad y pureza para afrontar cualquier cosa que se le presente en la vida. Ponga un altar para ella con hierbas y una vela blanca, y ofrézcale un tributo a Artemisa, como agua de luna u otro objeto mágico.

Ritual de luna llena para Diana

Al principio del libro hablamos de la diosa Diana y de cómo se la consideraba la triple diosa y una manifestación de la luna. Este ritual es para honrarla y para honrar el poder divino femenino de la luna. Diana ha sido considerada a menudo como una representación de la fertilidad y del poder femenino, y se la invoca a menudo en los rituales que promueven el parto y se relacionan con las mujeres. Este ritual no es para invocar a Diana para que ocupe su cuerpo, sino para honrarla y formar una conexión con la Diosa de la Luna. Por eso se hace cuando la luna está en la cima de su poder.

Comience por preparar su altar. No tiene que limpiar su altar o espacio aquí, pero a menudo se recomienda que lo haga para conectarse con Diana de forma más clara y pura. Comience con un ritual de limpieza, luego escriba sus deseos e intenciones para el futuro y las oraciones para la diosa de la luna en un pedazo de papel. Tome este papel (o tela) y átelo a un árbol. Pídale a la diosa que le proteja y a sus seres queridos, al igual que protege a los animales y a cualquiera que la adore y crea en sus poderes.

Después, de vuelta a su altar, continúe orando a Diana y pídale que cumpla sus deseos y le ayude a encontrar la felicidad y la alegría en la vida. Encienda una vela blanca en su altar y ofrezca un recipiente con agua de luna o leche a la diosa como ofrenda. visualice a la diosa ayudándole a conseguir lo que desea y bendiciendo su vida y la de sus seres queridos. Tenga fe en que Diana puede ayudarle a conseguir las cosas que desea y medite sobre su presencia durante esa luna llena. Agradezca a la Diosa su presencia y hónrela antes de romper el círculo mágico.

Esbat wiccano

Para los wiccanos, el Esbat es cuando se reúnen en luna llena para celebrarlo y honrar a la diosa de la Luna y otras deidades. Practican la magia y expresan su gratitud a las deidades que les han guiado durante el ciclo lunar anterior. Hay aproximadamente 13 Esbats durante un año, que corresponden a 13 lunas llenas. El Esbat es un momento de espiritualidad y se utiliza para canalizar la energía de la luna para limpiarse y alcanzar sus objetivos. También es un momento para honrar a las deidades y manifestar sus bendiciones y energías.

Mientras que los rituales wiccanos para el sol (Sabbats) tienen ciertos significados, este no es el caso del Esbat. Se trata de conectar con la energía de la luna y utilizarla para cambiar y mejorar su vida. Por eso no hay una forma correcta de practicar la magia durante los Esbats. Solo tiene que hacer lo que su instinto le diga y honrar a la luna y a la Diosa; como quiera. Puede ser tan simple como ir a su patio trasero durante la luna llena y meditar bajo la luz de la luna y visualizar que suceden cosas buenas.

Entonces, ¿cómo se hace un Esbat wiccano? La cosa más importante en la que necesita concentrarse al principio es su intención. El Esbat consiste en trazar una meta y realizar el ritual para promover esa meta y honrarla. Ya sea para honrar a las deidades, conectar con la luna o pedir a los dioses y diosas que le ayuden con un sueño o deseo personal, el Esbat es el momento de hacerlo. Solo tiene que ser específico sobre lo que quiere para poder sacar el máximo provecho del Esbat. Aunque los Esbats se realizan tradicionalmente en luna llena, puede realizar el ritual en cualquier parte del ciclo lunar si coincide con sus objetivos, recuerde que dijimos que las fases funcionan mejor para los hechizos de protección mientras que otras son más adecuadas para la riqueza o la abundancia. Así que, sea lo que sea que quiere del Esbat, escríbalo y considere su calendario lunar para encontrar el momento ideal.

A continuación, viene la preparación. Ya tiene definidos sus objetivos y lo que quiere conseguir con el ritual, y tiene una hora en la que lo va a realizar. Después viene la investigación. Entienda lo que hay que hacer para que el Esbat funcione y los ingredientes que necesitará para este hechizo o ritual. ¿Es un hechizo de manifestación? ¿O quiere atraer la riqueza o el amor? Tal vez desea proteger a sus seres queridos contra el mal y las energías oscuras o promover su fertilidad para que pueda concebir. Sea lo que sea, investigue el hechizo y el ritual y prepare las herramientas mágicas y los ingredientes que necesitará para que funcione.

Por último, realice su ritual. Como hemos mencionado, no hay una forma específica de realizar el Esbat ni un objetivo concreto, así que haga lo que le diga su corazón. Sin embargo, no es mala idea seguir prácticas como la limpieza de su espacio mágico y de usted mismo para poder honrar correctamente a las deidades y realizar un ritual adecuado. Medite en sus intenciones y visualice que se hacen realidad, y habrá hecho un Esbat exitoso.

Capítulo 12: Cómo crear sus propios rituales lunares únicos

En este capítulo final, exploraremos las formas a través de las cuales puede hacer sus rituales lunares únicos. La belleza de los hechizos y rituales lunares es que no hay ningún manual sobre cómo deben realizarse. Solo hay directrices y consejos para ayudarle en este viaje espiritual y majestuoso, y esto deja mucho espacio para la improvisación y la adición de su toque único para hacer los rituales y hechizos más alineados con sus creencias y prácticas. No tiene que comprar los ingredientes que utiliza para los hechizos y rituales que hemos mencionado anteriormente; ¡puede hacer los suyos propios!

Al final del día, los rituales lunares son para encontrar su voz y trabajar con algo con lo que se sienta cómodo. Su energía y creencias impulsan estos rituales y hechizos y son la razón por la que funcionan. Así que, vamos a sumergirnos en las cosas que podría hacer en sus rituales lunares únicos.

Ritual de luna llena único

Teniendo en cuenta que la luna llena es la más poderosa de las fases lunares, en la que la luna está en la cúspide de su poder, tiene sentido que comencemos con consejos e ideas sobre cómo puede crear un ritual lunar único, personal y diferente a cualquier otro.

Personalizar: Este es un ritual de luna llena, y para que funcione, necesita mantenerlo simple y personal. El propósito de este ritual es alinear su energía con la de la luna, y para que eso ocurra, necesita ser auténtico. Piense en las prácticas que más significan para usted y trate de infundirlas en el ritual. ¿Le gusta bailar? Entonces, ¿por qué no incluirlo en su ritual de luna llena? Tal vez la meditación sea lo suyo, así que incorpórela. El ritual es una extensión de quién es y de las cosas que le gustan, así que, sea lo que sea que le guste, asegúrese de que forme parte del ritual.

Prepare las herramientas: Necesita preparar las herramientas que utilizará para completar el hechizo o realizar la ceremonia. De nuevo, esto también dependerá de sus preferencias. Tal vez hay ciertas hierbas o una salvia que prefiere utilizar. O puede que prefiera los aceites esenciales. Seleccione un cristal o una piedra única de importancia para usted. Ponga la música que mejor le funcione y le ponga en estado de meditación; puede ser rock pesado o tambores africanos. La experimentación es la clave. Pruebe siempre diferentes cosas. Puede que funcionen, o puede que no. Lo importante es que sean suyas y expresen quién es usted como persona.

Espacio sagrado: Después de preparar las herramientas que quiere utilizar para este ritual o hechizo, necesita preparar un espacio sagrado para hacer su magia. No hay una regla que diga que un espacio sagrado debe tener este o aquel aspecto, pero tradicionalmente debe contener un altar. La importancia del altar es que le da a este espacio una importancia sagrada y le hace saber que es especial, diferente de los objetos del día a día, y no una mesa ordinaria.

Puede elegir el lugar que desee en su hogar para preparar este espacio sagrado, y también puede decorarlo como quiera. Lo más importante es que esté cómodo y sienta que puede expresarse libremente en este espacio. Luego. Limpie este espacio que ha creado y elimine cualquier energía oscura.

Entre en la mentalidad: Lo que separa un ritual mágico de cualquier otra cosa que haga a diario es su mentalidad. Con sus herramientas y su espacio mágico listos, preparados según sus preferencias, necesita meditar y preparar su mente para una profunda conexión espiritual con la luna. Piense sobre las cosas que quiere realizar a través de este ritual y por qué lo está haciendo. Luego, tómese un tiempo para agradecer y apreciar todas las cosas con las que ha sido bendecido. Agradezca a la diosa de la Luna por bendecir su vida y darle muchas cosas por las que estar agradecido. La gratitud es una práctica muy importante que facilita el establecimiento de una conexión genuina con la energía de la luna.

Hacia el final de este ritual, puede hacer lo que le apetezca para concluir el ritual. A algunas brujas les gusta llevar un diario y escribir lo que sienten, ya sean deseos o miedos. También puede afirmar su intención y declarar cómo quiere que sea el próximo ciclo lunar. También puede salir al aire libre y bañarse en la luz de la luna y dejar que su energía curativa le inunde. Cierre su ritual una vez que sienta que ha cumplido su propósito. Puede hacerlo meditando de nuevo, diciendo una oración a la diosa, cantando o entonando cánticos, bailando o haciendo sonar una campana y diciendo saludos a la luna.

Ritual de luna nueva

La luna nueva marca nuevos comienzos, y es un momento para establecer intenciones y trabajar para manifestarlas. Durante este momento tan especial del ciclo lunar, puede crear un ritual casero para celebrarlo, y puede ser un ritual nuevo. Puede practicarlo en solitario, o puede invitar a amigos u otras brujas a unirse al ritual de luna nueva para hacerlo más potente.

Antes de comenzar este ritual, asegúrese de que el espacio mágico en el que lo va a realizar es hermoso. Una vez más, esto dependerá de lo que considere hermoso, así que tómese la libertad de despejar y añadir elementos estéticos que hagan que el espacio sagrado le parezca hermoso. Descarte las cosas que no necesita y monte su altar de forma pura y visualmente agradable. Puede utilizar objetos de su hogar para preparar el altar o elementos de la tierra de los alrededores de su hogar. Todo puede funcionar si cree en ello. Coloque estos elementos en el altar y decórelo como quiera.

Para este ritual único, puede conectarse a tierra. La toma de tierra es una práctica saludable que puede realizarse independientemente de cualquier ritual lunar. La mejor manera de hacer la toma de tierra es cerca de un cuerpo de agua y con los pies descalzos para que pueda sentir la energía de la tierra y del agua. Acérquese al agua y deje que le cubra; puede meterse por completo en el agua o solo sumergir los pies. Respire profundamente bajo la luz de la luna y visualice la manifestación de sus intenciones. Deje que el agua fría le enraíce y ancle su mente y su cuerpo. Piense en sus deseos e imagine que se hacen realidad.

Puede concluir este ritual único de muchas maneras. Puede escribir o llevar un diario como en el ritual anterior. Documente sus sentimientos durante esta luna nueva y lo que quiere atraer, y lo que desea liberar de su vida. Declare sus intenciones para este ciclo lunar y lo que desea experimentar. A continuación, puede tomar el trozo de papel con sus deseos y enterrarlo en el jardín o prenderle fuego con una vela, dejando que sus deseos sean conocidos por el universo y confiando en que este guiará sus intenciones. Para terminar, encienda salvia de su elección o incienso para limpiar el espacio después de declarar sus intenciones.

Consejos para crear sus rituales

La clave para crear un ritual único es pensar en las cosas que le parecen mágicas a usted y solo a usted. Ninguna regla dice que no puede utilizar objetos hechos a mano o herramientas personalizadas para realizar rituales mágicos e invocar a las deidades. Personalice los hechizos y los cantos a su gusto. A la diosa de la Luna no le importará el canto que utilice para invocarla y pedir su bendición si la honra y le rinde respeto. Así que, intente diferentes cosas en sus rituales y vea lo que funciona mejor para usted. ¿El yoga le relaja y le pone en un estado mental meditativo? Entonces, por supuesto, incorpore el yoga a sus rituales mágicos y comience o concluya la ceremonia practicándolo.

Conclusión

Personalice su ritual lunar para que le haga sentirse cómodo y a gusto. Su conexión con la luna es especial y solo la puede sentir usted. Puede que haya cosas diferentes que funcionen con otras personas, así que no se preocupe por copiar a nadie más, piense en los elementos que encuentre mágicos y añádalos a sus rituales. Aproveche la energía de la luna utilizando herramientas que otros pueden no encontrar mágicas; no importa. La magia es lo que usted decida que es mágico. Experimente con sus rituales y pruebe a combinar cosas nuevas en las diferentes fases lunares. Puede que solo encuentre hechizos y rituales que podrían cambiar su vida para mejor. Recuerde que nunca debe desesperarse a la hora de crear su ritual único. Algunos funcionarán, otros no. Necesita ser paciente y seguir experimentando hasta que encuentre la combinación correcta de artículos y rituales. Es mucho más gratificante porque puede realizar rituales que ha hecho usted mismo y que son personales para usted, lo que puede hacer que los hechizos sean mucho más potentes y le ayuden a conseguir los resultados que quiere.

Vea más libros escritos por Mari Silva

Referencias

B. A., H., Facebook, F., & Twitter, T. (n.d.). *10 Lunar Gods & Goddesses You Should Know*. Learn Religions. https://www.learnreligions.com/lunar-deities-2562404

Five Spell-Casting Essentials for Beginner Witches. (n.d.). Exemplore. https://exemplore.com/wicca-witchcraft/Witchcraft-For-Beginners-The-Five-Essential-Parts-of-Casting-Spells

Glamour. (n.d.). *Making "moon rituals" can totally enhance your life, here's your ultimate guide*. Glamour UK. Extraído de https://www.glamourmagazine.co.uk/article/moon-ritual-guide

How to Prepare For a Spell. (2020, March 9). Wishbonix. https://www.wishbonix.com/how-to-prepare-for-a-spell/

M. A., L., & B. A., L. (n.d.). *12 Ancient Lunar Luminaries*. ThoughtCo. https://www.thoughtco.com/moon-gods-and-moon-goddesses-120395

Moon Rituals for Guiding Intentions. (n.d.). Www.Kelleemaize.com. Extraído de https://www.kelleemaize.com/post/moon-rituals-for-guiding-intentions

Pollux, A. (n.d.). *The Ultimate Full Moon Money Spell for Abundance*. Welcome To Wicca Now. Extraído de https://wiccanow.com/full-moon-money-spell/

www.ingramcontent.com/pod-product-compliance
Lightning Source LLC
Chambersburg PA
CBHW071904090426
42811CB00004B/732